中国古代长城

乔志霞　编著

中国商业出版社

图书在版编目（CIP）数据

中国古代长城 / 乔志霞编著．-- 北京：中国商业出版社，2015.5（2022.7 重印）

ISBN 978-7-5044-8547-2

Ⅰ．①中… Ⅱ．①乔… Ⅲ．①长城-介绍-中国-古代 Ⅳ．①K928.77

中国版本图书馆 CIP 数据核字（2015）第 117119 号

责任编辑：史兰菊

中国商业出版社出版发行

010-63180647　www.c-cbook.com

（100053 北京广安门内报国寺 1 号）

新华书店经销

三河市吉祥印务有限公司印刷

*

710 毫米×1000 毫米　16 开　12.5 印张　200 千字

2015 年 5 月第 1 版　2022 年 7 月第 2 次印刷

定价：25.00 元

*　*　*　*

《中国传统民俗文化》编委会

序　言

中国是举世闻名的文明古国，在漫长的历史发展过程中，勤劳智慧的中国人创造了丰富多彩、绚丽多姿的文化。这些经过锤炼和沉淀的古代传统文化，凝聚着华夏各族人民的性格、精神和智慧，是中华民族相互认同的标志和纽带，在人类文化的百花园中摇曳生姿，展现着自己独特的风采，对人类文化的多样性发展做出了巨大贡献。中国传统民俗文化内容广博，风格独特，深深地吸引着世界人民的眼光。

正因如此，我们必须按照中央的要求，加强文化建设。2006 年 5 月，时任浙江省委书记的习近平同志就已提出："文化通过传承为社会进步发挥基础作用，文化会促进或制约经济乃至整个社会的发展。"又说，"文化的力量最终可以转化为物质的力量，文化的软实力最终可以转化为经济的硬实力。"（《浙江文化研究工程成果文库总序》）2013 年他去山东考察时，再次强调：中华民族伟大复兴，需要以中华文化发展繁荣为条件。

正因如此，我们应该对中华民族文化进行广阔、全面的检视。我们应该唤醒我们民族的集体记忆，复兴我们民族的伟大精神，发展和繁荣中华民族的优秀文化，为我们民族在强国之路上阔步前行创设先决条件。实现民族文化的复兴，必须传承中华文化的优秀传统。现代的中国人，特别是年轻人，对传统文化十分感兴趣，蕴含感情。但当下也有人对具体典籍、历史事实不甚了解。比如，中国是书法大国，谈起书法，有些人或许只知道些书法大家如王羲之、柳公权等的名字，知道《兰亭集序》

是千古书法珍品,仅此而已。

再如,我们都知道中国是闻名于世的瓷器大国,中国的瓷器令西方人叹为观止,中国也因此获得了“瓷器之国”(英语 china 的另一义即为瓷器)的美誉。然而关于瓷器的由来、形制的演变、纹饰的演化、烧制等瓷器文化的内涵,就知之甚少了。中国还是武术大国,然而国人的武术知识,或许更多来源于一部部精彩的武侠影视作品,对于真正的武术文化,我们也难以窥其堂奥。我国还是崇尚玉文化的国度,我们的祖先发现了这种“温润而有光泽的美石”,并赋予了这种冰冷的自然物鲜活的生命力和文化性格,如“君子当温润如玉”,女子应“冰清玉洁”“守身如玉”;“玉有五德”,即“仁”“义”“智”“勇”“洁”;等等。今天,熟悉这些玉文化内涵的国人也为数不多了。

也许正有鉴于此,有忧于此,近年来,已有不少有志之士开始了复兴中国传统文化的努力之路,读经热开始风靡海峡两岸,不少孩童以至成人开始重拾经典,在故纸旧书中品味古人的智慧,发现古文化历久弥新的魅力。电视讲坛里一拨又一拨对古文化的讲述,也吸引着数以万计的人,重新审视古文化的价值。现在放在读者面前的这套“中国传统民俗文化”丛书,也是这一努力的又一体现。我们现在确实应注重研究成果的学术价值和应用价值,充分发挥其认识世界、传承文化、创新理论、资政育人的重要作用。

中国的传统文化内容博大,体系庞杂,该如何下手,如何呈现?这套丛书处理得可谓系统性强,别具匠心。编者分别按物质文化、制度文化、精神文化等方面来分门别类地进行组织编写,例如,在物质文化的层面,就有纺织与印染、中国古代酒具、中国古代农具、中国古代青铜器、中国古代钱币、中国古代木雕、中国古代建筑、中国古代砖瓦、中国古代玉器、中国古代陶器、中国古代漆器、中国古代桥梁等;在精神文化的层面,就有中国古代书法、中国古代绘画、中国古代音乐、中国古代艺术、中国古代篆刻、中国古代家训、中国古代戏曲、中国古代版画等;在制度文化的层面，就有中国古代科举、中国古代官制、中国古代教育、中国古代军队、中国古代法律等。

此外，在历史的发展长河中，中国各行各业还涌现出一大批杰出人物，至今闪耀着夺目的光辉，以启迪后人，示范来者。对此，这套丛书也给予了应有的重视，中国古代名将、中国古代名相、中国古代名帝、中国古代文人、中国古代高僧等，就是这方面的体现。

生活在21世纪的我们，或许对古人的生活颇感兴趣，他们的吃穿住用如何，如何过节，如何安排婚丧嫁娶，如何交通出行，孩子如何玩耍等，这些饶有兴趣的内容，这套“中国传统民俗文化”丛书都有所涉猎。如中国古代婚姻、中国古代丧葬、中国古代节日、中国古代民俗、中国古代礼仪、中国古代饮食、中国古代交通、中国古代家具、中国古代玩具等，这些书籍介绍的都是人们颇感兴趣、平时却无从知晓的内容。

在经济生活的层面，这套丛书安排了中国古代农业、中国古代经济、中国古代贸易、中国古代水利、中国古代赋税等内容，足以勾勒出古代人经济生活的主要内容，让今人得以窥见自己祖先的经济生活情状。

在物质遗存方面，这套丛书则选择了中国古镇、中国古代楼阁、中国古代寺庙、中国古代陵墓、中国古塔、中国古代战场、中国古村落、中国古代宫殿、中国古代城墙等内容。相信读罢这些书，喜欢中国古代物质遗存的读者，已经能掌握这一领域的大多数知识了。

除了上述内容外，其实还有很多难以归类却饶有兴趣的内容，如中国古代乞丐这样的社会史内容，也许有助于我们深入了解这些古代社会底层民众的真实生活情状，走出武侠小说家加诸他们身上的虚幻的丐帮色彩，还原他们的本来面目，加深我们对历史真实性的了解。继承和发扬中华民族几千年创造的优秀文化和民族精神是我们责无旁贷的历史责任。

不难看出，单就内容所涵盖的范围广度来说，有物质遗产，有非物质遗产，还有国粹。这套丛书无疑当得起“中国传统文化的百科全书”的美誉。这套丛书还邀约大批相关的专家、教授参与并指导了稿件的编写工作。应当指出的是，这套丛书在写作过程中，既钩稽、爬梳大量古代文化文献典籍，又参照近人与今人的研究成果，将宏观把握与微观考察相结合。在论述、阐释中，既注意重点突出，又着重于论证层次清晰，从多角度、多层面对文化现象与发展加以考察。这套丛书的出版，有助于我们走进古人的世界，了解他们的生活，去回望我们来时的路。学史使人明智，历史的回眸，有助于我们汲取古人的智慧，借历史的明灯，照亮未来的路，为我们中华民族的伟大崛起添砖加瓦。

是为序。

傅璇琮

2014 年 2 月 8 日

前　言

万里长城是华夏民族的精神象征，中华文化的宝贵遗产，屹立千年，巍峨浩大。它伴随着中国长达两千多年的封建社会行进，但凡重大的政治、经济、文化方面的历史事件，都在长城身上打下了烙印。金戈铁马、逐鹿战场、改朝换代、民族争和都在长城上有所反映。长城作为一座历史的实物丰碑，横卧在崇山峻岭、大漠戈壁之上。它是一种象形文字，它是一种极富感染力的语言，它是一本经久耐读的巨书，它将永远珍藏在中华儿女的心中。

自从长城诞生以来，长城就以其雄伟的气势和博大精深的文化内涵，吸引着一代又一代的文人墨客、守边将士、诗词名家、帝王将相以及民间百姓等，以长城为题材创作了大量的文艺作品，其中有民歌、神话、民间传说等，尤其是诗歌、诗词相当多，内容十分广泛。有描绘万里长城的雄风，咏唱万里长城的壮美，也有无情揭露鞭鞑统治阶级役使兵民筑城的酷虐残暴及其给人民带来的深重苦难等等。

长城是一座文化艺术的宝库，长城作为人类历史上最宏伟壮观的文物之一，积淀和凝聚了极为深刻的文化内涵。长城是精神产品和物质产品的复合体，它不但铭记着民族的心理轨迹，涵盖了种种时代的社会人文信息，“长城还包括作为物质实体客观存在的物态文化，反映了长城南北农耕文明与游牧文化不同生产方式、生活方式冲突与融合的制度文化，围绕长城制定的战略战术及从中体现的军事思想，作为构筑运用长城重要配套措施的军屯、民屯、商屯中体现的经济思想等”。

长城在古代人民的生活中有重要的影响，在边防上起着举足轻重的作用，对历史的进程也产生过不凡的影响，因此，古代文献如二十四史、地理书籍和地方志中有许多关于长城的记述，政治家、诗人词客赞颂、抨击的褒贬之辞更是不绝于世。

今天，长城已成为世界各国游人向往的旅游胜地，“不到长城非好汉”已经成为中外游人熟知的一句名言。本书对历代长城的沿革、当时的战争态势，以及不同朝代修筑长城的情况，做一个概括的介绍，对长城沿线的历史变迁、名胜古迹、风土人情也有叙述，愿读者能借助本书，到长城的世界中去认识中国古代各族人民所创造的灿烂文明，从中汲取有益的知识。

目录

第一章　长城的出现

第二章　历代长城简史

第三章　长城的修建与构造

第一章

长城的出现

巍巍长城，穿山越岭，匍匐大地，仿佛是一条巨龙。它是中华文明的瑰宝，也是世界文化遗产，可与埃及金字塔齐名，是人间的奇迹。在遥远的2000多年以前，劳动人民以血肉之躯修筑了万里长城，谈何容易！长城是中华民族聪明才智的结晶，是中华民族的象征。

第一节 城的产生

古代的城郭构筑

大约在公元前2000年，中国社会进入奴隶社会时期。为了适应不断发展的战争的需要，城池防御在此时期发展完善起来。相传发明城郭构筑技术的是夏禹之父鲧。鲧由四岳推举，奉尧之命治水，其治水的主要方法是沿河筑垒长堤以堵洪泄。后来他将修筑防洪堤坝的技术移用到筑城上来。《世本》中说："鲧筑城以卫君，造廓以守民。此城廓之始也。"这不仅进一步说明了"城"的军事防御功能，还说明了鲧是一位具有城堡防御思想并亲身实践的人。

公元前1600年至前1046年的殷商时期，中国奴隶社会制度得到了较大的发展。通过对殷都故址大规模的考古发掘发现，沿洹河两岸十余里的范围内分布着大量宫室、庙宇、住宅、坟墓等遗迹。在小屯西南朝东北方向有一条长约750米、最宽处达20米、深5～10米的大沟，呈斜坡状，明显是为护卫殷都而掘。

公元前1046年，周武王灭商后，大规模地把封地连同居民分赏给王室子弟和诸侯功臣。所以，这时期除王室大规模筑城外，各诸侯国也都大筑城郭，以巩固和发展其统治中心。

到西周末年，周幽王因宠爱褒姒，为博得褒姒一笑，竟下令烽火台无故

城郭

点火。各路诸侯以为周天子有难，连忙发兵救援。待救兵赶到城下，却见幽王与褒姒在城上嬉笑，众人只得愤怒而归。周幽王十一年（公元前771年），果有大军围城，攻杀幽王。《史记·周本纪》载：周幽王举烽火征兵，兵莫至，幽王被杀于骊山下。由此可知，早在2790多年前，作为传递战争消息的军事设施烽火台就已经出现。那时的烽火台是建于高山之上，相隔数里，以相第递传的方式来报警。烽火台的使用为长城的产生又创造了一个条件。

春秋战国时期（公元前770—前221年），随着经济的发展，诸侯之间的相互兼并的战争也更加频繁，而且更加残酷。各大国交相称霸，投入战争的兵力越来越多，战场范围也越来越大。

大规模修筑长城的历史，就是在春秋战国时期长期的诸侯战争中揭开的。齐国的管仲、孙膑等军事家，对战略防御的设计之一就是把障水的“防”（堤堰）加固重筑而为“钜防”，并向东西两端延伸，从而在齐国南部防线上形成了一条横亘千余里、首尾不相接的高大墙体，以防止南方楚国的进犯。楚国的军事家出于同样的战略防御的目的，将其国北部所筑的众多防御性小城，用高大的墙体连接，以防范齐国的南侵。因其在军事战争中对固定防御对象的战略防御作用十分显著，因此中山、燕、赵、魏、秦等诸侯国纷纷仿效，都在本国的边防线上筑起了互相防御的长城。这些长城，有的是土筑，有的是石砌，也有的是土石兼用或仅依托陡峭山岭为屏障而不筑墙。就这样，各国在50年间共修起了七八条长城，每条短则800余里，长则2400余里，鲜明地体现了“不战而屈人之兵”（《孙子兵法》）、“备者国之重也”“城廓不备全，不可以自守”（《墨子·七患》）等战略思想，说明兴建长城以御敌的军事防御理论和实践在春秋战国时期已得到普遍认同。

筑城技术的发展与推动

骑兵的兴起与长城的修筑有着密切的关系。明末清初的顾炎武在所著《日知录·长城》中指出，长城的出现是由于“战国井田制度废除，而车变为骑，于是寇抄易而防守难，不得已而有长城之筑”。骑兵可轻易跨越小涧，跃上山坡，来去迅捷，因此筑高墙以抵挡入侵的骑兵，在古代冷兵器时代是能起很大作用的。长城就是把行之有效的御敌高墙建于边界之上，以保卫国家的安全。到春秋战国时期，古代筑城已有2000多年的历史，不仅积累了丰富的经验，建造技术也达到了一个相当高的水平。

根据考古资料，我国在新石器时代就已开始在聚落地外围营建夯土围墙，以防御野兽的侵入和部落间因战争而入犯之敌。这些有夯土围墙的聚落地就是城的雏形，可视作最早最原始的古城。至今考古已发现的原始古城遗址有以下几处：

（1）仰韶文化的西山遗址（位于河南郑州北郊），年代为公元前3300—前2800年。城址平面呈不规则形，东西宽180米，南部被枯河水冲毁。夯土城墙采用方块板筑法，即在经过修整的生土基面上逐层逐块夯筑而成。

（2）屈家岭文化的石家河城址（位于湖北天门石河镇石河街北）、走马岭遗址（位于湖北石首焦山河乡走马岭村东）、城头山遗址（位于湖南澧县车溪乡南岳村）、阴湘遗址（位于湖北荆州马山镇城阳村北）、马家垸遗址（位于湖北沙洋五里铺镇显灵村东）、鸡鸣城遗址（位于湖北公安狮子口镇龙船嘴村）、门板湾城址（位于湖北应城西南星光村门板湾东）等。其中屈家岭文化的年代为公元前3100—前2500年。这些城址的规模都不大，周长在1000～2000米；形状也不太规则，有长方形、梯形、圆形和椭圆形，随地形和河道而定。但它们都有夯土的城垣，现存城垣残高5～8米，采用河卵石作夯具，还没有使用版筑，夯筑质量不高，在建筑技术上尚处于原始阶段。

（3）龙山文化的王城岗遗址（位于河南登封告城镇西约1千米）、平粮台城址（位于河南淮阳城东南约4千米）、郝家台遗址（位于河南漯河源汇区）、城子崖遗址（位于山东章丘龙山镇龙山三村东北）、丁公遗址（位于山东邹平苑城镇丁公村东）、桐林遗址（位于山东临淄朱台镇桐林村）、景阳冈遗址（位于山东阳谷张秋镇景阳冈村）、丹土遗址（位于山东五莲潮河镇丹土村）等。其中龙山文化的年代为公元前2600—前2000年。这些城址的规模仍然不

邯郸赵王城

大，但比屈家岭文化城址要规整，平面一般呈方形。夯土城垣下往往挖有基槽，以使之稳固。城垣除用卵石夯外，有的采用了局部小版筑夯打，即墙的两侧用小板固定，其中填土夯打，夯实后拆版往上再夯，在建筑技术上比之前有所进步。

以上列举的新石器时代城址均先后被国务院列为全国重点文物保护单位。

商代至东周时筑城技术大为提高。东周的都城规模都比较大，面积均在1000万平方米以上。出于战争环境和防御的需要，东周的都城均筑有城和郭。一般来说，内为城，即城中之城，是国君和大臣活动的场所；外称郭，是百姓居住和生活的场所。《吴越春秋》对此说得很清楚："筑城以卫君，造郭以守民。"现存的都城城垣基宽达40米，高10～18米，由大板夯筑而成，夯筑质量很高。当时朝廷对诸侯国都城的规模大小都有严格的规定，《周礼·考工记·匠人营国》对此有专门记述。后来由于礼崩乐坏，这些制度已遭摒弃，各诸侯国都城都明显突破了规定等级的限制。

"城"的扩大与延伸

城是由环绕的墙体所形成的，不管其形状如何，都是一种封闭式的居住空间，这是城最基本的特征。原始社会的早期城、文明初期的王城，以及后来形形色色的城，都是如此。城的修建，是以保卫私有财产为目的的。城墙上和城墙外的一切附属设施，如城楼、角楼、马面、护城壕、护城河、城门、吊桥等，都是服从于保卫私有财产的目的。可随时启闭的城门，是城防的薄弱环节，因此，后来的城门外多修建瓮城和吊桥，以加固防守。在冷兵器时代，高大封闭式的城墙，可以有效地阻止敌人的进攻，达到保卫城内居民安全、财产不被掠夺的目的。

由于国王、贵族多是聚居于城邑之中，特别是王城、都城内贵族最多，因而社会财富也主要集中于城邑之中。正是由于这种原因，在夏、商、西周时代掠夺他国财富的战争，主要是以攻城，特别是以攻占王城为重点。当时

边城要塞

地广人稀，土地的价值还没有充分地显现出来，没有奴隶的劳动，空有土地也产生不出任何财富。因此，夏、商、西周时期的战争，主要是以攻城为目的，而没有把占领土地放在重要地位。春秋是我国奴隶社会向封建社会的转变时期，到了战国则进入了封建社会。这个时期人口大增，管仲说齐都临淄居民多到挥汗如雨、摩肩接踵，这种说法虽有些夸张，然而确实反映了春秋时期人口迅速增多的现实。人口增多了，土地的价值就凸显出来。由于这种原因，自春秋起战争的目的不再局限于攻城，也把掠地作为攻取的目标。到了战国，兼并土地则成了战争的主要目的。

政治形势的变化以及战争目的的改变，对军事思想、战略战术都产生了深刻的影响。夏、商、西周实行"兵民合一"的兵民制度，不设常备军；"寓将于卿"，也没有职业军官和将领。遇有战事，则临时召集兵民，集中于"国门"（国都之城门），派遣合适的卿相带兵打仗。兼并土地的战争，迫使各国需要设防，过去那种"津梁未发，城险未修"的状况得到了改变。首先是充分利用自然天险以防敌侵。明朝人董说作《七国考》，称战国险要的关隘津梁达40余处，均驻兵设防以制敌。除利用自然天险以外，又利用原有的城邑和新修的城邑，作为防敌的军事据点。然而由于城邑比较分散，所能保卫的地面空间相当有限，即使比较大的都城，也只能控制一隅之地。要保卫大片的国土，只靠分散的城邑显然是有困难的。于是，人们在城的基础上，想出了新的办法，即将封闭性的城墙打开，改作连续性、单向性的城墙，这样就可以保卫一个地区的领土不受侵犯。这种连续性的城墙都很长，可以长到数百里乃至数千里以上，于是人们就给它起了一个新的名字，叫作“长城”。顾名思义，“长城”就是长长的城墙，这个名字既表明了它的特点和功用，又表明它来源于“城”，和“城”有密切的关系，是“城”的扩大和延长。

文明冲突下的长城

究竟是什么原因使得长城一直修筑了上千年？我们看到长城横贯今天的辽宁、内蒙古、宁夏、甘肃、陕西、山西、河南、河北、北京、天津、山东和吉林、黑龙江、青海、新疆等省、区、市，绵延万里，并以此线向南北辐射，形成独具特色的长城带。而分布最为密集的地区则在河套之南、黄土高原与草原的接壤地区，显然长城是农耕民族为防止游牧民族的侵扰而修建的防护带。文明薪火相传的背后是永无休止的分歧，当分歧无法解决时，战争就发生了，长城也就修筑起来。

都江堰

农业和畜牧业是两种截然不同的生产方式。黄河流域是农业民族的发源地，主要从事农业生产。春秋战国时期，铁质农具、牛耕的推广与改进，郑国渠、芍陂、都江堰等大型公共水利工程的修建，使生产力获得了空前的发展。农业的发展，促进了手工业的产生，形成了冶铁、铸铜、丝织、煮盐、制陶、漆器、车船制造等众多部门，商业也跟着兴旺起来，形成了像大梁（今河南开封）、邯郸、临淄、定陶、寿春那样的大都会。公元前221年，秦始皇统一中国，为诸夏形成统一的民族开辟了道路。秦虽然国祚短促，却首次创建了中央集权的君主制度，统一了度量衡、货币和文字，为华夏民族在其后尽快形成统一的汉民族奠定了基础。两汉继秦而兴，边疆各民族渐渐以"汉人"的称谓代替了"秦人"，诸夏或诸华，郡县之民也常常以"汉人"自称，用来表示自己和那些蛮夷之地其他民族的区别。不管是他称还是自称，总体上初步具备了民族称谓的特征。东汉灭亡以后，三国鼎立，两晋相继，边疆各民族仍称呼郡县编民为"汉人"。隋、唐盛世，"汉家""汉地"不仅见于诗文，也见于诏令、奏疏，吐蕃、回鹘、南诏、渤海等民族，也习惯于称唐朝州县居民为"汉人"。辽、金、元、清等朝代，北方民族入主中原，在金、元两代南方的"汉人"和南方其他民族被叫作"南人"，地位低下，但是，这些朝代依然以汉地经济为立国基础，汉文化仍起主导作用。统治民族不管是"汉人"还是其他民族，汉族都是中国的主体民族，文化传统从未被割断。

从秦以后到清代，汉族始终是农耕民族，男耕女织的小农经济成为整个社会的基本经济形态，封建土地制度及与之相适应的赋役制度，虽有过多次改革，但封建土地制度的基本性质从未改变。从陈胜、吴广揭竿而起，到洪秀全的太平天国，上千次农民起义的核心问题都是土地。封建地主阶级与农民阶级的矛盾，一直是汉区社会的基本矛盾。尽管如此，以精耕细作著称的汉区农业，创造了高度发达的农业经济，与之相伴而生的，还有高度发达的灿烂文化，涉及政治、经济、军事、文学、史学、哲学、自然科学、艺术等领域。孔孟儒家学说是汉族文化的代表，以礼、义、仁等要素为核心，自汉武帝以来居于统治地位。军事理论以《孙子兵法》为突出代表，宋朝整理的《武经七书》更集中了古代军事著作的精华。注重史学也是汉族文化的一个突出的特点，从《春秋》《左传》《史记》《资治通鉴》，到《明史》，加上各种古史、杂史、地方史志、史学理论等官私著述，使中国成为世界上古代历史文献最为丰富的国家。在自然科学方面，张衡、祖冲之、郭守敬、贾思勰、张仲景、华佗、李时珍等代表了中国古代天文学、数学、农学、医学等领域的先进水平。四大发明——造纸、活字印刷、火药、指南针，四大名著——《三国演义》《西游记》《水浒传》《红楼梦》，闻名于世。戏曲、诗歌、音乐、舞蹈、绘画、书法、美术、工艺等更是异彩纷呈。这一切都使得长城以南的黄河中下游以农耕为主要生产方式的汉区极富吸引力。

游牧民族位于华夏大地的北面和西北地区，主要以畜牧业作为生产方式生产，畜牧业有不稳性和单一性，导致游牧民族对农业有极强的依赖性，这便导致了两种经济文化的失衡，因而出现了严重的对抗。而古代游牧部落既是民也是兵的集群社会组织，极易使它形成军事优势，进入农业区掠夺，从而给农业区造成极大破坏。在中国的北方，广袤无垠的草原就是生养游牧民族的母亲，经过历史的洗涤和演变，他们部分西迁，部分消亡，部分融入汉族，部分仍然保持本民族的特征与风俗，成为今天56个民族中的一朵娇艳的花。在中国历史上，北方游牧民族主要由六大部分演变而来：一是匈奴，主体在东汉时期被汉人消灭，剩余部分西逃至欧洲，与马扎尔人融合，便成为今天的匈牙利人；二是东胡，秦时为匈奴所灭，之后分成两股势力，乌桓和鲜卑，乌桓被曹魏消灭，鲜卑主体被汉族同化，剩余的演化为柔然，柔然被突厥击败，之后分化为蒙古和契丹，契丹大部分被女真和汉同化，剩余的西逃到中亚，与当地人融合，而蒙古一直延续到现在；三是突厥，相传它是匈奴的一个分支，其大部分为回鹘和汉所灭，剩余的西逃，形成了今天的土耳其人；四是肃慎，他们分布在黑龙江、乌苏里江流域、长白山一带，后演变为女真、满洲，也就是今天的满族人；五是羌藏，羌族一直延续到今天，吐蕃属于羌族的一部分，也就是今天的藏族，党项也是羌族的一部分，后来为蒙古人所消灭；六是回鹘，先后被称为丁令、高车、敕勒、韦纥、回纥、回鹘、畏兀儿等，主要在长城西北区域一带活动，元时属察合台汗国封地，一部分蒙古族融入其中，在长期的历史演变中，逐渐形成了近代维吾尔族。

游牧民族的侵扰一直是农耕政权统治的心病，只不过随着封建王朝的更迭和北方民族自身的演变，名称有所不同而已。比如秦汉王朝的心病是匈奴，魏晋前后是鲜卑和突厥，到了大宋就是契丹和女真了。游牧民族为什么要侵扰农耕民族？有人说中原物质丰富，有着草原没有的一切，而劫掠无疑是获得财富最快捷的方式；有人说主要原因是北方民族是马背民族，男人们手拿马刀在草原上驰骋，谁不想试试纵横四海呢？还有人说北方民族心底是仰望汉文化的，渴望融入其中，但却发现自己被蔑称为蛮夷，自尊心受到了伤害。不管是什么原因，游牧民族的侵扰是可怕的，公元前200年，匈奴首领冒顿单于率30万骑兵把大汉开国皇帝刘邦包围在白登山下；公元352年，大魏皇帝冉闵在抗击鲜卑入侵的廉台大战中被击败，臣子纷纷自杀殉国；公元1279年，最后一支南宋军队在崖山海战中被蒙古元军消灭，丞相陆秀夫背着年仅9岁的皇帝赵昺投海殉国，跟着跳海殉国的大臣、后宫女眷、民众达十几万人。于是，长城的修筑成为防御北方游牧民族入侵的屏障，秦汉时长城阻止了匈奴的南侵；北朝时长城阻止了柔然的南下；隋唐时长城工程也起到了防范突厥的作用；金代的长城则阻滞了蒙古军的进攻；明代万里长城，也曾有效地阻止了元朝遗胄势力卷土重来的企图，粉碎了后金势力突破长城攻占京城的阴谋。清军最后能开进长城占领北京，从军事角度讲，是因为李自成的农民起义消耗了明廷的力量，更为明显的原因是拥有数万精兵的吴三桂打开山海关大门、拱手降清的结果。

知识链接

流淌着民族血泪的长城

长城的修筑与存在，起到了把农、牧两个民族隔离开来，借以增强农业民族对畜牧业民族掠扰的抗御能力，使之不能轻易得逞，从而保护中原地区的农业经济和生产生活。因此，中原地区的历代统治者，多数利用农业社会的强大组织力量，不断地修筑长城。可以说，长城是为防御而建，是两种文明冲突的结果，它的身上流淌着古代民族战争的血和泪。

山海关

第二节 长城及其作用

什么是长城

长城属于人工建筑物，这是不言而喻的。

修筑长城工程量浩大，要消耗大量的人力、物力，甚至劳民伤财。贾谊在《过秦论》中即认为秦始皇修长城是其一大过错，司马迁在《史记》中批评蒙恬为秦始皇筑长城是“固轻百姓力”，都表达了同一思想。后人认为秦始皇时的长城是用血肉筑成的，不算是夸张。为了节省人力、物力，当时的人们在选择长城路线时，尽量利用陡山、深壑、湍流、大泽，以减少长城的修筑量。这种现象从战国时期到明代，都可以见到。然而自然实体（如山、河等）虽有防敌的功用，却都不能算作真正的长城，因为长城属于人工建筑。自然实体与人工建筑，有着完全不同的性质，这个大的界限必须划清。

从建筑学的角度来说，长城是以土、石、砖为墙体的连续性高墙。泥土、石头、烧砖是长城墙体所用的基本材料，在此基础上又出现了土石混筑、植物夹砂、砖石共筑等特殊的墙体，可以算作土、石、砖墙体的变体，也应当归入土、石、砖三大类中。

连续性高墙，是长城墙体的又一显著特征。没有连续性的墙体，是不能称作长城的。长城其实就是绵延不断的长墙。在古代，“城”与“墙”字义相同，不过只有连续不断的长墙才能称作长城，这是区分长城与一般的城邑、城堡的关键点。同时，墙体的连续和高大，从军事角度来看，正是其防御敌人功能之所在。矮小的墙体，如沟堑两侧的矮墙，是不能称作长城的。

长城是边境御敌工事。边境御敌是长城空间分布的特征，它只修筑在边境地区。将长城修筑在边境地区，就可以御敌于国门之外，防止敌人进入自己的领土之内，保护境内居民的安全和生活，这是修筑长城的基本目的。

需要注意的是，这里说的是国境，而不是国界。有些人常常把国境误作国界，这是不对的。在国界上是不能够修筑军防工程的。在国界上修长城，是对邻国的军事挑衅行为，会引起邻国或邻族的干预与破坏，邻国或邻族是不会答应的。国界是国与国或族与族之间的分界线，属于隔离带，也可以称作缓冲带，任何一方都不可以占用，不可以进入。如果任何一方没有征得对方的同意擅自进入占用，便会引起冲突和战争。例如，在战国时期，匈奴与东胡为邻族，匈奴在西，东胡在东，“中有弃地，莫居，千余里，各居其边为瓯脱”。然而东胡自恃其实力强大，进入“瓯脱”之地，结果引起匈奴冒顿单

齐长城

于的不满，发兵攻打东胡王，最后以东胡失败而告终。

事实上也是如此，战国时期的齐长城、楚长城、魏长城、中山长城，都是在本国境内修筑的，长城自然不会是什么国界。燕北长城、赵武灵王长城、秦昭王长城是为了防御游牧民族而建，当时与这些游牧民族之间没有划定国界线，然而却有实际控制线，这些长城都是在实际控制线以内修筑的，这些长城也都不是国界线。因此，将长城说成国界是不科学的。

长城属于军事工程，这是毫无疑问的。

长城属于古迹，是古代建筑物。

按照中国历史分期，是以清道光二十年（1840 年）作为中国古代史和近代史的分界线。1840 年发生了鸦片战争，此后中国逐渐沦为半殖民地半封建社会。1840 年以前为古代，1840 年以后为近代。因此，明长城是我国古代最晚的长城，属明长城以及明代以前的长城，都属于古代建筑物。

在清代镇压捻军起义的过程中，清政府曾在山东境内修复了一段齐长城，用以阻止捻军北上；在山西境内沿黄河东岸，曾修筑了一百多公里的长墙，以阻止捻军从陕西进入山西。修复齐长城一事，发生于咸丰十一年（1861年），沿黄河修长墙一事，在同治七年（1868 年），这时中国已与西方列强签订了不平等条约，中国已进入半殖民地时期。如果把上述称作清代长城的话，按照逻辑便成为近代长城了。

长城定义的上述几个方面内容与特征，是彼此密切相关、不能割裂、缺一不可的，是一个完整的、统一的整体。缺少其中任何一项，都无法完全、准确地表达长城的基本特征，无法表现长城定义的科学性和唯一性。

早期的长城

古代中国进入奴隶社会后，奴隶主的享乐意识大增，这同时也导致他们的危机意识日盛，因而强烈地要求有更为完善的城池防御体系来保障他们的安全与财富。武王伐纣建周后，大规模地把封地连同奴隶分赏给王室子弟和诸侯功臣，而获得了封地的诸侯为了巩固和发展其领土，无不大筑城郭，以维护既得的利益，防御他人的侵犯。同时，为防御北方游牧民族的袭击，还在边境要地修筑了连续排列的城堡——“列城”用以防御。

古语说，“天下大势，分久必合，合久必分。”诸侯争霸，王室衰微，曾经先进的奴隶制度分崩离析，即使如周朝者那样强盛的国家，最终也无法避免被历史抛弃的命运，取而代之的是封建制度的兴起。在新与旧的较量中，封建制最后取得了胜利，统一的中央集权国家也逐步形成。春秋战国时期，战争的频繁和激烈使人民深陷水深火热之中。各诸侯国原来的防御方式远远不能满足军事上的需要，于是就产生了用城墙把烽火台、城堡、河谷、山崖、壕堑、道路等联系起来的想法，从而在边境上形成了大规模的、连续性防御体系。这种防御体系与只能防守一个都邑或据点的城堡不同，可以是构成一条相当长的防线，防卫着极为广阔的地区。这些防线不管多长，从总体上看，就是一条线状工程，所以被称为长城。这就是万里长城的雏形。

为了防御敌人，各诸侯国都在自己易受侵犯的边境筑起了道道长城。有为抵御敌国侵犯、兼并而建的，如楚、齐、秦、赵等国；也有为抗击匈奴诸

楚长城

屯堡木雕

胡而建的防御线，如秦、赵北界。其中，楚、齐长城应是最早修筑的长城，而秦、赵长城则要长得多，防御措施也严密得多。

长城的历史作用与现实价值

长城的作用与价值可以从历史与现实两个角度来分析。

从历史上看它具有如下四个方面的重要作用：

一是保障了军事上阻击来犯之敌。高大、坚固的万里长城，组成了严密的防御体系与封锁线。这对仅擅长骑射与马上作战的游牧民族骑兵来说，只能望城兴叹，难以攻坚，从而有效地起到了阻击来犯之敌的重要作用。

二是促进了经济的发展。长城的修筑，有力地促进了长城沿线的经济开发。如秦代筑城时，便在长城沿线设立了12个郡、44个县，并从中原地区移民前往开发，“设屯戍以守之”。由于郡县制与军屯制的实施，有效地推动了长城沿线农牧业生产的发展。汉代修筑长城时，也大力发展长城沿线的屯戍

丝绸之路

制与屯田制，解决了守城将士的给养等问题。至明代，据《春明梦余录》一书记载，不但军屯发展到“养兵百万不费百姓一粒米”的盛况，同时民屯经济也大为发展，使长城沿线的不少荒野、山川得到了有效的开发和利用。

长城的修筑及长城沿线屯田制的实施，也带动了该区域的农田灌溉及道路网络的基本建设。长城沿线区域不仅有了边塞之间的军用通道，而且有了田作之间的农用通道。尤其是秦、汉、明等各朝为了加强长城沿线的防卫，还修筑了直达京城的大道，不仅有利于调运粮草、兵员，也对促进长城内外的物资文化交流及推动北部边疆经济的发展，发挥了重要的作用。

三是促进了中华民族的大融合。我国历代修筑长城在实行沿线屯军、屯田开发的同时，在一定时期还开放沿线的贸易市场，以促进长城内外的物资流通与文化交流。这种和平互市的交易方式，既满足了长城内外兄弟民族生产与生活上的需求，又让游牧民族学到了汉人先进的农耕技术，而且汉人也学到了不少有益的畜牧等知识。游牧民族与农耕民族的这种和平交往，有利于消除彼此之间的隔阂，增进民族之间的相互了解，使各族人民在思想、文化和生活习俗等方面逐渐融合起来，促进了中华民族的大融和。

四是保卫了亚欧大陆丝绸之路的畅通。亚欧丝绸之路，又称“亚欧大陆桥”，在长城的有力保障下得以畅通往来。万里长城在维护中西方经济贸易、科学技术及文化艺术的交流与发展等方面，发挥了重要的作用。

长城的历史价值还在于，它不仅表现了2700多年前中华民族的伟大气魄，而且显示了我国人民自古以来就热爱和平和保卫家园的决心，同时还体现了中国人民的智慧、高超的军事科学水平和高度的科学文化水平。

时至今日，中国已经走进了现代化建设的新时期，而古老的万里长城仍具备很高的实用价值。首先，它象征着中华民族英勇不屈的精神，彰显着不畏强暴、不怕困难的民族精神和气节。其次，长城以及长城脚下先人留下的文化具有很高的历史价值以及军事价值，是当代军事史料研究的资料宝库。再次，目前可见的长城遗址属于长城沿线自然变化的历史见证。从它的断裂、侵蚀、湮没程度来分析，可以认识到各个历史阶段的地震、风沙、泥石流的变化规律，从而为气候学研究提供有力的证据。最后，在长城遗址沿线蕴藏着大量正在等待开发的旅游文化资源，这些旅游文化资源可以转化为经济资源，从而为中国的建设贡献力量。

长城防御的作战方式

毫无疑问，长城是军事防御体系。军事学上的防御是指军队凭借险峻地势和坚固的防御工事，固守一块阵地，达到以逸待劳的目的。我们形容长城关隘地势的险要时，常说的“一夫当关，万夫莫开”，就是这个意思。

长城防御部队的首要任务，就是坚守长城的城墙、敌楼、关隘与城堡。

驻守长城的军队，依托长城的墙体、关隘、敌楼、城堡这些坚固的阵地，进行守卫作战，阻止游牧民族骑兵的高速、快速进攻。通过坚守阵地，可以有效地消耗敌人的体力和延缓敌人进攻的时间。

长城防御部队与游牧民族进攻部队之间，有多种多样的作战形态。游牧民族部队攻打长城时，所采取的进攻行动，所实施的进攻作战方式，在不同时间、不同地点也有很大的变化。有时，作战是来自一个方向的进攻，游牧民族骑兵部队对长城的某个关隘或某个城堡，发起集中优势兵力的进攻，并以强大的攻势突破某一个地方，然后按既定的战略目标向纵深发展，实施抢掠。有时，游牧民族的部队会采取多方向进攻，从两三个甚至更多的方向，同时对长城地区实施进攻。这样的进攻，只要有一点突破，便很容易实现多点突破的局面。施行多处突破之后，长城防御军队就很难在较短的时间内，重新封锁长城防御的关隘，无法切断游牧民族部队的回撤道路。

在长城地区，进攻方和防御方的战争，有时也有具有决战意义的作战行动。在这样的军事行动中，双方都会倾其全力，排兵布阵，以取得这场战争的全面胜利为目的，力求给对方的主力以歼灭性的打击。

对于长城防御部队来说，还有一种作战方式，就是对进攻长城之后撤退的敌人予以追击。追歼退却之敌的战斗，应该是进攻战斗的一种形式。追击战的作战目的，是让来犯的敌人在撤退过程中遭到沉重的打击。通过尾随追击、迂回包抄追击，以及平行追击等方式，在追击中歼灭来犯的敌人。

一般情况下，游牧民族的骑兵进入中原地区是为了抢掠，进攻之初都是轻装上阵，其战斗力很强。实施抢掠行为之后，由于马匹上驮有很多抢来的物资，骑兵在战斗的同时还要保护自己抢掠到的粮食和其他物资，战斗力就会有很大的削弱。这时，长城防御部队对回撤的游牧民族部队实施追击和堵截作战，是最有利的作战时机，很容易取得较好的作战结果。

进攻战和防御战、追击战等作战形式在长城沿线时有发生。有时，在一次战役中，各种作战形式也会同时出现。

由此可见，长城的防御并非一些人想象的那样，完全只是守在城墙上等着敌人进攻，等着挨打。长城防御是一种具有纵深的防御，是防御与进攻相结合的防御。这种防御具有坚守与机动相结合的特点，是一种积极防御。进攻长城的一方，面对多层设防的作战体系，实际上是陷入了立体作战的狭小空间，反而面临着很大的安全威胁。

长城的防御功能建立得十分巧妙。为了防止第一道防线被攻破后变成全面崩溃瓦解的惨烈局面，还在重要部位设有能够进行抵御对方的多重防线。

建造长城、设计布防时，就要考虑纵深防御功能。每一道防线都是相对独立的体系，完全可以独立作战。

既然后面的防线已经作好了万全的战斗准备，那么前面勇敢杀敌的将士们只需要前赴后继的进攻即可。只要几条防线中有一道防线确保不被攻破，就能对进攻的敌人给予有力的阻去。除此以外，后边的防线还可以向前支援，加强阻挡住敌人的力量；已经被攻破的几道防线，可以快速地形成新的防御力量，对进攻长城的敌人形成包抄，对其施行有效的打击甚至歼灭。

当第一道防线抵挡不住敌人的进攻一旦失守时，那么，第二道、第三道防线就可以发挥作用了。不过，在纵深防御的最后一道防线，通常而言都会具备很严重的心理压力：既然敌人已经攻破了前面几道防线，其凶猛的进攻势头必定越来越强。

长城防御作战的另一部分是机动防御。机动防御是分层次、逐级实施抵御的作战方式。比如，八达岭关沟的各个关口之间，便形成了这样一个逐级防御的系统。当敌方骑兵攻打岔道城的时候，八达岭长城的守卫者已经作好

蓟县黄崖关

了防御的准备；当敌方骑兵攻打八达岭的时候，上关城的守卫者也作好了防御的准备；当敌兵攻打上关城时，居庸关的守兵也已严阵以待；敌人攻打居庸关时，南口城的部队也很快就作好了集结准备。

通过这样一系列的准备，不仅可以作到逐级防御敌兵，还可以在运动中歼灭敌人。比如，敌方攻进了八达岭长城、攻进了上关城，正在准备攻取居庸关时，如果上关城和八达岭的守兵并没有被敌人重创，便可以包抄进来，与居庸关的守兵一起对进攻之敌实行围歼。而当敌方撤退时，居庸关的守兵又可以出击，与上关城和八达岭上的守兵一起围歼敌方。这样的作战安排，在蓟镇段长城就有很好的体现。

在这样一种具有纵深防御的系统中，有时候部分关隘、关城的退却，部分地放弃所据守的关口、关城，并不是表示整个防御已经失效，只是说明防御进入了下一个阶段。不管是主动地退却还是被动地退却，在强敌进攻时，是否选择退却都要看全局部署是否完成。

长城还具有一定的威慑作用，让长城外的游牧民族知道长城内已经作好了防御的准备，使他们不敢轻易来犯。威慑作用的体现，就是《孙子兵法》里所强调的“不战而屈人之兵”。《孙子兵法》里讲：“上兵伐谋，其次伐交，其次伐兵，其下攻城。”从孙子的这一战略思想可以看到伐谋的重要性。军事上的攻城略地在当时的武器装备条件下非常困难，是冷兵器时期不到万不得已不会采取的最下策略。

“不战而屈人之兵”，是以强大的战争实力、战争潜力和良好的备战状态为基础的。戚继光驻守蓟城时，曾经在汤泉搞过一次大规模的军事演习。这次历史上著名的汤泉练兵，将威慑作用发挥到了极致。明隆庆二年（1568年），戚继光奉命以都督同知总理蓟州、昌平、保定诸镇练兵事务，不久又兼任蓟镇总兵官。他上任后即着手整饬并加强长城沿线的防务，提出用3年训练出“进可攻，退可守”的10万车、步、骑兵部队。

隆庆六年（1572年）冬，戚继光在蓟州汤泉（今河北省遵化）一带组织了有10万大军参加的大演习。他正式邀请了长城外蒙古族的首领进长城来参观这场连营数十里的明军进行“对垒”的实兵对抗演练。蒙古部队的将领们亲眼目睹了戚继光的部队，用战车拒敌、步兵应敌、骑兵逐敌的长城防御战斗部署。

通过演习，明朝军队向蒙古部族首领展现了自己的武装实力，就是明确告知对方，自己已经作好了使用武力抵御侵扰的准备，让对方在自己强大的武力威慑下不敢轻易地采取敌对行动。在这次军事演习中，戚继光不但让蒙古族的这些首领参观了长城，而且让他们看到了守卫长城的这支勇猛的部队，真正地达到了战略威慑的目的。

当然，仅靠长城的存在来实现战略威慑是不够的，还要靠驻守长城的军队进行军事活动来显示长城守卫的军事力量，显示长城守军的战斗能力，使对方不得不放弃进攻长城的企图。

除了显示威力之外，还要有一些军事打击来增强威慑作用。若威慑仅仅是摆在那里给人看的一种摆设，不足以使对方从心理上真正产生畏惧并因此屈服。只有军事打击的威慑作用与长城防御形成一种相互呼应的态势，才能真正起到足够强大的战略威慑作用。

当然，战略威慑并不是万能的，所以在长城沿线才会发生了那么多场战争。明朝时明英宗亲征瓦剌本来也是要靠一种威慑力使瓦剌的部队退兵，但虚张声势的威胁并没有吓住瓦剌。因为瓦剌了解到明朝从朝廷到边疆，都没有作好战争的准备。因此，瓦剌军不但没有受威慑的影响，反而越战越勇，最后在土木堡生擒了明英宗。所以说，虽然威慑作用是避免战争和战争升级的有效手段，但用得不当也可能适得其反。

诸侯战争中的长城

研究长城的发展史，我们可以发现长城最基本的用途是用作军事防御。长城曾深刻影响了中国古代的攻防作战形式的形成，长城能经多个朝代延续建造、使用2000多年，有其深远的军事意义。

春秋战国时期，随着人口的急剧增加，社会经济的不断发展，诸侯国之间因争夺领土和人口资源，导致的战争规模越来越大，范围较小的单个城市的城墙已不能满足保卫整个领地安全的需要，作为城市城墙的延伸和扩大的长城便应运而生了，这就是长城的最初形式。这时的长城的特点就是春秋战国七国之间的互相防御的工事，仅有燕、赵、秦之间长城是防御其北方的匈奴。秦始皇统一六国后，秦朝面对的就是匈奴的袭扰，自此以后长城的防御对象基本上就是北方的匈奴及其他少数民族。

骑兵的兴起是军事史上的一场重要革命，它将奇袭、闪击、追击、救援、迂回、包围、退却和劫粮道的运动战推向新的高度。

自秦朝起，长城就成了农耕民族防御游牧民族侵扰的重要形式和手段。长城的建造，从实际上改变了对抗双方军事实力的强烈对比，也是冷兵器时代的一种很有效的防御手段。长城自出现后，被许多朝代沿用，并发扬光大，从另一个侧面也证明了其作为军事防御设施的可行性和有效性。

长城的出现还把防御范围推进到了一个前所未有的广度和深度，在古代战略战术的形成和发展上，长城也具有非同寻常的意义。

围绕着城墙展开的攻防战，始终是古代军事活动的主要形式之一，长城

长城

的出现也使得城墙攻防战的战术运用更加多姿多彩，修长城也成了各个朝代推行的重要边防战略方针。

长城的出现还标志着古代诸侯国之间以及民族之间大规模对抗时代的来临，战争规模日益扩大。如今，长城作为军事防御设施的作用虽已消失了，但其在中国军事发展史上所起的作用却是不应被忘记的。

长城防线的形成及发展

约在公元前21世纪，我国出现了第一个奴隶制国家——夏朝。约在公元前16世纪，居住在黄河下游的东夷族的一支——商族，灭了夏朝建立了商朝。约在公元前1066年，居住在现在陕西岐山一带的周族联合附近许多部族，推翻商朝，建立了周朝。周朝建立后，即大量分封诸侯，建立了许多城邦式的小国家诸侯国。起初这些诸侯还能遵守周礼，到后来逐渐周礼的约束力已形同空文；起初各诸侯国有疆无界，最后各国界线泾渭分明。此时，周边各族和中原诸侯及部族之间争夺生存空间的战争已是此起彼伏。

公元前771年，西周为申侯联合犬戎族所灭。至东周时期，王室衰落，应新兴的地主阶级的要求，各诸侯国都在进行政治改革，一场新的社会变革风潮，在华夏大地一浪高过一浪地掀起。争霸中原，谋求新的统一，建立新的社会制度，已成为中国社会历史发展的必然趋势。

华夏大地战火纷飞，战争规模不断扩大，一批专业军事家逐步走上历史舞台，大批的赤脚奴隶手持棍棒走上战场，一般的山林险阻及堡垒式的防御已不足以应付新的战争形势。于是各国便纷纷构筑城堡、烽火台，广挖深壕巨堑，修建高墙壁垒。据历史专家推断，在公元前7世纪左右，位于中原的楚国首先修筑了城堡、烽火台和不闭合而且延续不断的城墙共同构成的军事防御工程——长城。

但目前发现的最早的长城遗迹是位于山东境内的齐国长城。据古籍《竹书纪年》记载："烈公十二年，王命韩景子、赵烈子、翟员伐齐，入长城。"这是中国历史文献中第一次出现"长城"这个词，时间为公元前404年前后。

长城敌楼残垣

当时在中原地区仍居住着蛮、夷、戎、狄、胡等部族，他们不同程度地参与了中原各诸侯国的争霸战争。被中原诸侯视为蛮邦的楚人在长期与华夏各族的交往中糅合了中原文化，到春秋中期它已是后来居上，与中原文化竞趋争先，在诸侯争霸的战争中，以其强大的实力，迫使中原各国接纳它成为华夏族的一员。而狄族在河北省太行山东麓建立的中山国，也参与了逐鹿中原的战争，并且继齐国之后在公元前369年也修筑了长城。

公元前323年，中山国国君曾与赵、燕、韩、魏一起称王，联合起来共同抵抗秦、齐强国的进攻。公元前300年，赵国派20万军队攻打中山国，经过5年的持久较量，中山国才被赵国灭亡，融合于华夏族之中。近年来，河北省文物工作者先后在河北省的唐县、曲阳、顺平县发现了中山国这道长城的遗迹。继中山国以后，魏、赵、秦、燕各国为了防止北方各族的骚扰，在它们的北方也相继修筑了长城。

经过5个多世纪的兼并战争，到公元前221年，在秦始皇的指挥下，强大的秦国军队突破了各个诸侯国的长城，横扫群雄，统一了中原，建立了中国第一个封建王朝——秦王朝。

第二章

历代长城简史

长城是一座历史的雕塑，成为传承中华文明的重要载体，长城文化蕴含着中华民族特有的精神价值、思维方式和文化意识，体现着中华民族伟大的生命力和创造力。了解博大精深的长城，弘扬长城文化，唤起积淀在人民心里的民族文化意识，是我们要保护长城文化遗产的长远意义所在。

第一节
春秋战国长城

齐长城

齐长城在山东境内，历经长清县、肥城市、泰安郊区、泰山区、历城区、章丘市、莱芜市、博山区、淄川区、沂源县、临朐县、沂水县、安丘市、莒县、五莲县、诸城市、胶南市、黄岛区，共 18 市、县、区，全长约 618.9 千米。齐长城飞越于泰山、鲁山、沂山等山之巅的千余座大小峻岭和丘峦上，逶迤起伏，气势磅礴。长城所经山岭，如大横岭、梯子山、劈林尖山、峨岭、大岘山、太平山、高柘山等俗称长城岭，所经村庄也往往以长城铺或长城村命名。

长城经历了 2000 余年的风雨侵蚀和人为破坏，墙体有的已倾塌甚至湮没无存，但所幸的是齐长城多修筑在崇山峻岭之中，人迹罕至，故此能较好地保存，所存遗迹约占长城全线的一半长。各长城墙体或以黄土、砂土夯筑，或以大块天然石、片石垒砌，或土石混筑，因地制宜，就地取材，也有以山险直接代墙的。平原、矮丘地带多以土夯筑，高山峻岭之中则以石为材料。用土夯筑的长城墙体现存高 1.5 ~5 米，基宽 4 ~15 米，顶宽 3 ~6 米。石筑城墙存高 1 ~5 米，基宽 1.2 ~20 米，顶宽 1.2 ~10.2 米。山险墙出现于峰叠峦转的峻岭地段，可以居高凭天险，如泰山北岗。在长城沿线，还发现多处烽燧和障城遗址。

齐长城

由于齐长城所处地势险要，历来为兵家防守之地，因此在齐长城的一些地段后世曾经加以重修，甚至在长城之上增修了垛堞、券门、马道乃至关隘等设施。目前已经发现的多处明嘉靖、清道光、咸丰诸年代的重修石碑碣上即是证明，尤其是清咸丰年间的大举维修增建，应是为了抵御捻军而筑的防御工事。

齐长城的行经路线在过去的地理志书上相比同时期其他诸侯国的长城有较多的记述，而且已大致勾画出它的走向、位置，与目前的初步调查结果基本吻合，唯独记述长城的东端在何地入海却大有分歧。从北魏郦道元的《水经注》到历代地志所记大致有小珠山、大珠山、琅琊台、琅琊各种说法。小珠山、大珠山、琅琊台三地从北往南依次傍海而立，小珠山南距大珠山 15 千米，距琅琊台 45 千米，大珠山距琅琊台 30 千米，显然所指不是同一个地方。一些有影响的地理书籍如《括地志》《泰山郡记》都说是在琅琊台入海，如

《水经注》谓“东连琅琊巨海”。杜佑《通典》《太平寰宇记》《齐乘》和《读史方舆纪要》《山东通志》《泰山道里志》却都认为是在大珠山入海。而道光《胶州志》则记载长城“又东历小珠山阴、鹁鸽山，至徐山之北于家河庄东入海三十里”，并批评“诸书皆臆说也”。近人也多以为《胶州志》书出自本地人之手，应是亲历目睹，较为可信。但究竟不是出于科学考察报告，未获一致的认可，专家学者们仍然是莫衷一是，这个问题一直被视为“悬案”。

从近年的考察结果来看，地理书籍所载齐长城东端入海处大多失实，然而《水经注·汶水》中说的“汶水出朱虚县泰山。山上有长城，西接岱山，东连琅邪巨海，千有余里”的琅邪，是否就是指琅琊台尚有待研究。清代《泰山道里志》称“《太山郡志》及《水经注》《括地志》皆谓至琅琊台入海”，对《水经注》的原意恐有臆断之嫌。据史籍记载，今山东半岛东南部沿海地区自秦汉以来多属琅琊郡或琅琊国的范围之内，如胶南市本是秦琅琊郡郡治所在地之琅邪，诸城市本是西汉琅琊郡郡治所在地之东武，临沂市本是

琅琊山

东汉琅琊国之国都开阳、北魏琅琊郡治所在地丘县，今莒县、五莲、沂水、黄岛也都在其范围内。北魏郦道元《水经注》中所谓齐长城“东连琅邪巨海”，也可理解为齐长城在琅琊郡地与大海相接连。其后的一些志书可能由于琅琊台比较著名，由此产生了误解，认为是指齐长城从琅琊台入海，以讹传讹以致形成了一种错误说法。

春秋末年，卧薪尝胆的越王勾践灭吴后，曾把国都迁到琅邪，并筑起高台以观大海，还发号施令，叫秦、晋、齐、楚诸大国来尊辅周天子，一时号称霸主。战国时期齐威王也在这里筑起琅琊台，倚山背水，其高九仞。秦始皇也非常喜欢琅琊台，曾流连三月而不知返。秦始皇统一全国后的第三年，为宣扬皇威，浩浩荡荡东巡，登泰山，封禅刻石，颂秦功德，乘兴又来到琅邪，在海畔山上建了琅琊台，兴高采烈，3 个月流连忘返；还令迁徙 3 万户人家居住台下，12 年不征劳役。在琅邪山上，秦始皇刻石歌颂自己统一天下的功劳，得意之情露于辞表。

目前，学术界一般认为齐长城是东周长城中较早修建的长城之一，但它究竟始建于何时还是一个谜。目前公认的看法是，齐长城不是齐国某一代完成的工程，它从春秋时期（姜齐时）就开始修筑西段，战国时期齐威王、宣王接着往东修建直至海滨，才有现在所见到的齐长城。春秋时期为防御鲁、楚、晋、卫、郑、周等邻国的侵扰，战国时期因越、楚大兵压境，是为抗越、楚而建的。

楚长城

有关文献记载，楚国是最早修筑长城的古国。楚长城在历史文献记载上被称为“方城”。《左传》上记载有这样一个故事：楚成王十六年（公元前 656 年），齐国想大举进犯楚国，军队已经到了陉这个地方（今河北省西部），楚成王派了屈完去迎击敌人。两军相会于召陵这个地方，屈完对齐侯说，你如果真要想打一仗的话，楚国有方城可以当作城防，有汉水当作城池，足够抵挡一阵子的。齐侯见楚国防御工事果然坚固，无机可乘只好下令收兵。

像这样其他诸侯国想去欺负楚国，在方城受阻而返的情况，在古代文献上还有很多记载。如《左传》上记载，楚穆王二年（公元前624年），晋国的处父伐楚以救江，在方城遇到息公子朱，便回去了。又如楚康王三年（公元前557年），晋国的荀偃、栾黡率师伐楚，入侵到了方城之外，由于防御严实，没敢攻打，结果只好攻打了一下无关紧要的地方就回去了。这些情况不仅说明了楚国方城在抵挡其他诸侯邻国侵扰上的功用，而且也说明了方城并非一般孤立城市的城垣，而是连绵不断的城防，构成了一个完整的防御工事。

有关楚国方城就是楚国长城的记载，在古代历史文献中同样得到了证实。《汉书·地理志》上说："南阳郡，叶，楚叶公邑。有长城，号曰方城。"北

长城

魏郦道元《水经注》上的记载则更为详细。

关于楚长城的建筑形式，因为目前其遗址还没有核实清楚，所以尚不能确证，不过从历史文献记载上我们还能得知一些情况，可以得出如下的结论：

第一，楚长城起初是由列城发展而成的。据《水经注·汝水》条上记载："醴水经叶县故城北，春秋昭公十五年（公元前527年），许迁于叶者。楚盛周衰，控霸南土，欲争强中国，多筑列城于北方，以逼华夏，故号此城为万城，或作方字。"文中所提到的列城即是一系列依地形排列的防御性小城，作为古人屯兵警哨的场所。城与城之间有的地方在危险的地方设置屏障，有的地方筑城墙再把它们连接起来便成了巩固的长大城防。列城属于长城的一种重要形式，直到后来的秦朝和汉朝时期投入大量人力物力大规模修筑城墙时，还借用许多修筑列城的方式。像是汉武帝太初三年（公元前102年）遣光禄勋徐自为修筑了五原塞外的列城，向西北数百里到了卢朐。从古代军事学和防御工程原理来看从相隔一定距离的列城（或是亭障、烽燧）中间逐步修筑城墙予以连接，发展为成千上万里的长城防线是符合科学发展规律的。因此可以说，楚方城（或称万城）就是最早的长城。

第二，楚长城的建筑，是因地制宜，就地取材。《括地志》上说："故长城在邓州内乡县东七十五里，南入穰县，北连翼望山，无土之处，累石为固。"这种尽可能多地依据地形的优势以及地质的情况就地取材的办法，在以后朝代所修筑的长城中也是非常多见的。

第三，楚长城把山河凶险之处作为修筑长城的一部分。《水经注》上记载郦县的一道楚长城说，这道长城的北面尽管没有基筑，皆连山相接，而汉水流其南。就是指在高山险阻和大江为堑的地段，利用山河作为险阻，不再修筑城墙。这种情况，在以后历代长城建筑工程中，也都常常被采用。这也证明了《左传》上屈完答齐桓公那段话，"楚国方城以为城，汉水以为池"，是真实的。

根据历史文献记载，楚长城的位置，它的西头从今天湖北的竹山县，跨汉水辗转至河南的邓县，往北经内乡县，再向东北经鲁山县、叶县，往南跨过沙河直达泌阳县。总长接近 500 千米。从地理位置上来分析，这一道长城正好处在当时楚国都城郢都的西北和东北面，对于防御较为强大的诸侯邻国秦、晋、齐、韩、魏等的进攻是恰当的。

魏长城

魏国是西周时分封的诸侯国，姬姓，晋献公十六年（公元前 661 年）被晋攻灭，晋献公将魏国的地盘分给大夫毕万。战国初，毕万后裔魏文侯和赵、韩一起瓜分了晋国。周威烈王二十三年（公元前 403 年）被承认为诸侯，建都安邑（今山西省夏县西北）。自周贞定王二十四年（公元前 441 年），魏文侯即位，先后任用翟璜、李悝、魏成子为相，实行变法，进行封建改革，取得很大成绩，成为战国初期的强国。魏文侯三十三年（公元前 413 年），魏国

魏长城

大举进攻秦国，一直打到郑（今陕西省华县），次年魏国军队又占领秦的繁庞（今陕西省韩城东南）。魏文侯三十七年（公元前409年）魏国大将吴起率兵攻取秦国的临晋（今陕西省大荔东）、元里（今陕西省澄城南）、洛阴（陕西省大荔西）、合阳等城。

魏和秦本以黄河为界，魏在河西原来仅有少梁一城，取得上述几座城池之后，河西之地就全部被魏占据了。秦始终将魏据有河西视为心腹之患，条件一经允许，便要夺回河西。

秦献公实行了一些改革，使国力有所增强。魏惠王四年（公元前366年），秦出兵向韩、魏联军进攻，在洛阴大败韩、魏联军。接着又于魏惠王六年（公元前364年），深入河东，在石门（今山西运城西南）和魏军大战，斩首6万级。魏惠王八年（公元前362年），魏同韩、赵两国发生大战，秦国又趁机向魏进攻，在少梁把魏军打得大败。此战秦国取得繁庞城，并迫使魏国迁都到大梁（今河南开封）。少梁之战，秦已严重地危及了魏西部疆土。为巩固河西之地，魏国在秦国将要大规模变法之前派大将军龙贾沿洛水修了一道长城，即魏河西长城。《史记·秦本纪》载："楚、魏与秦接界。魏筑长城，自郑滨洛以北，有上郡。"《水经注》济水条亦引《竹书记年》载："梁惠成王十二年（公元前358年），龙贾率师所筑长城于西边。"魏河西长城应始筑于公元前361—前358年。

魏河西这段长城的修筑晚于此地原有的秦国堑洛长城50余年，目的是防秦，也防御生活在山原上的西戎入境掠扰。其位置走向，依《水经注》卷19记载："渭水又东，迳长城北，长涧水注之。水南出太华之山，侧长城东而北流，注于渭水。"结合实地考察已经发现，它的南端起于陕西华阴县华山峪口，循长涧河而下，经县城西北古城村，跨过渭河，滨洛河东岸北上，经大荔县城北，由党川村北登许原，东北入澄城县境，再北至合阴县西北东、西城后村折向东南，经韩城县南境北龙亭村、马陵庄、城南、城北村诸村直达黄河岸边，长达百余公里，现今还有断断续续的遗迹可见。魏河西长城是利用洛河的高岸堤防结合夯土墙板筑而成，故历史上也称作"滨洛长城"。魏河西长城，在今陕西省华阴、大荔、澄城、韩城诸县均有遗址可寻。

公元前361年，魏惠王迁都大梁以后，在中原也修筑了长城。据文献推考，魏在中原修筑的这一长城北起魏卷城西北战国黄河东南岸，东穿魏卷、安城南境与韩垣雍、修鱼北境之间，至今河南原阳县南折向西南行，跨越古济水，经郑州东南，达于密县东北起伏的山地。由于它起于黄河南岸卷城，历史上又称为“魏卷长城”或“魏河南长城”，黄河在这一地区的频繁泛滥已使这条长城遗迹难寻。

秦长城

即使秦国处于战国时期，依然愿意耗损大量人力物力修筑长城。前后共修筑了两条长城：一条是东面和魏国接壤的“堑洛长城”，另一条为西边防御西北游牧民族袭扰的“边地长城”。

春秋时期，秦国在雍地建造都城（今陕西凤翔东南），占有今陕西中部和甘肃东南部的一片区域。公元前5世纪与公元前4世纪之交，秦国力不振，经常被周围列国欺辱。对秦国威胁最大的就是它的东邻魏国。秦国东部黄河、洛河之间的土地无数次被魏国攻占。为了阻挡魏国一次次的进攻，秦国退守洛水西岸，沿河修筑了一条长城。《史记·秦本纪》载，简公六年（公元前409年），“堑洛，城重泉”。这里的“堑”，即是掘的意思，换句话说，削掘洛河河岸使之变成高崖以利防守。重泉城遗址在今陕西蒲城县东南钤饵镇，东边距离洛河有3千米，很可能是当时军队驻扎的地方。这段长城的修筑方法是筑墙与削掘崖岸相结合，因而史书上称作“堑洛长城”。它是战国时期秦国修筑的一条防魏长城，比魏国的河西长城（滨洛长城）要提前56年。

有关这段长城的位置及具体走向，《水经注》卷19记载：“渭水又东，沙渠水注之。水出南山，北流，西北入长城。城自华山，北达于河。”再与实地考察相结合得知，这条秦长城南起陕西华阴县东南华山之下的小张村，逶迤而向东北，再经华阴庙东北，跨过沙渠河到达渭河之滨，渭河以北则顺着洛

长城远观

河南岸向西，入蒲城境，再沿洛河西岸向北延伸至白水县黄龙山麓。今天在渭河以南华阴县小张村到华阴庙东城子间存有一段低矮断续的城墙，夯土层清晰可辨。

在今天的陕西富县城西南 2 千米处洛河东侧的监军台有一段长 750 米的长城遗迹，经考证属于秦国为抵御赵国的攻击而在洛河中游地区修建的上郡塞长城的其中一截。洛河中游的河谷是由陕北通往关中的必经之路，当赵国拥有今山西、陕西之间、河套以南大面积土地之后，处于洛河以南的秦地产生了前所未有的危机感。秦惠文王时（公元前 337—前 325 年）“筑上郡塞”用来对付赵国。这段长城的位置在今陕西富县、洛川两县间的洛河西岸，东西两端分别修筑到黄龙山和子午岭。

始建于秦昭王时（公元前 306—前 251 年）的秦西北过地长城，是为了拦截在西北草原一带活动的西戎等游牧部落侵扰而修建的。《史记·匈奴列传》载："秦昭王时，义渠戎王与宣太后乱，有二子。宣太后诈而杀义渠戎王于甘泉，遂起兵伐残义渠。于是秦有陇西、北地、上郡，筑长城以拒胡。"这段长城并没有告知世人准确的修筑时间，但《后汉书·西羌列传》中间接地给我们以提示："赧王四十三年，宣太后诱杀义渠于甘泉宫，因起兵灭之，始置陇西、北地、上郡焉。"周赧王四十三年，为秦昭王三十五年，也就是指公元前 272 年。由此可知，秦昭王的防戎长城，应在公元前 272 年开始修筑。

依据历史文献结合实地调查，我们已基本弄明白了秦昭王时修筑这条长城的位置及其走向。它西起今甘肃省岷县，即秦时临洮，沿洮河东岸向北到今临洮县；然后再折向东南至渭源县境，再折向东北沿着弯弯曲曲的群山峻岭一路逶迤东去，穿过定西、静宁之间的华家岭地区而进入宁夏南境；跨过葫芦河、六盘山，经固原县城北至清水河畔石羊洼折向东南，经碉堡梁和长城梁，到固原与镇原间宁夏与甘肃两省的交界处复折向东北；再由甘肃的环县、长城源、营盘山进入陕西境内的吴旗县境；沿长城岭继续向东北行进，循陕西靖边、志丹、安塞等县境的横山山脉，向东北延伸至靖边县天赐湾与安塞县镰刀湾之间的古塞门处，化为两支。南边一支顺着大理河与淮宁河之间的分水岭继续向东方至绥德，然后傍无定河西岸北行，修到今天的榆林县南鱼河镇为止，即古上郡治所肤施县附近；北边一支转向东北经靖边、横山、榆林、神木县境，然后入内蒙古南境，经准噶尔旗，直到托克托县南的黄河畔，长达千余里。

秦昭王所修的这条长城，历经上千年风雨侵蚀仍有几段遗址得以保存。在甘肃临洮、渭源县境，自临洮县城东峪沟北岸斜向东南，经渭源县城北，长数 10 千米，随山峦起伏；在宁夏固原县境，由城西南孙家庄东经县城北到清水河畔石羊洼，全长 18 千米；另一段在固原东南碉堡梁和长城梁上，长约 7 千米，傍茹河北岸斜向东南。甘肃环县、陕西吴旗县境，内蒙古境内都可发现古长城的遗址。甘肃环县城西南常塌坬附近，南北长约 2 千米；环县东北 40 千米的营盘山至陕西吴旗县西南 28 千米的城墙村，共长 30 千米。内蒙古准格尔旗和伊金霍洛旗交界处的书会川西岸也保留有一段长城遗址。这段长城为土石相间的建筑结构，剩下的各个部分均为黄土夯筑。

赵长城

在战国时期，赵国、中山国也筑有长城。赵长城记载较多，中山长城记载较少，不过长城遗址尚存，可供研究探讨。

1. 赵肃侯长城

《史记》称赵肃侯十七年（公元前333年）“筑长城”，又称“属阻漳、滏之险，立长城”。漳水有南、北二源，分别称浊漳水、清漳水，在涉县合漳村相会后称漳水，在馆陶县注入卫河，今日全长153.3千米。滏水是漳水北岸支流，以河水温热如釜中之水而得名。赵肃侯长城遗址不见于报道，可能是早已毁坏所致。从文献记载分析，赵肃侯长城当是西起于太行山，在漳水和滏水之间向东走向，最后停止于古代北流黄河岸边，全长100千米左右。

赵肃侯长城的修建，与赵国和魏国多次发生争夺土地的战争有关。赵敬侯八年（公元前379年），赵国曾“拔魏黄城”，即攻占了黄城（内黄），然而没有久占，不久又退给魏国。后来魏国采取报复，赵成侯二十二年（公元前353年），魏国发兵攻占了赵国都城邯郸达两年之久，后来，“归赵邯郸，与盟漳水上”。赵肃侯十七年（公元前333年），赵国发兵攻打魏国北部的内黄，却没有攻克。赵肃侯发现魏国势力强大，很担心魏国会采取军事报复，故而于同年便于漳水北岸修筑长城加以防御。果不其然，赵肃侯十八年（公元前332年），魏国在齐国的帮助下伐赵。赵肃侯二十二年（公元前328年），秦国伐赵，赵国的将领赵疵战死。赵肃侯长城的修筑，可能与防御秦国也有一定关系。赵肃侯长城始筑于公元前333年，其完成之年不见记载，估计应持续若干年才能完成。

2. 赵武灵王长城

赵武灵王长城，在《史记·匈奴列传》中有记载："赵武灵王亦变俗胡服，习骑射，北破林胡、楼烦。筑长城，自代并阴山下，至高阙为塞。而置云中、雁门、代郡。"

赵武灵所修的长城东起代郡，这是很明确的。代郡是代国旧地，代国是狄姜之国，在赵国西北，赵襄子之姊为代王夫人。后来，赵襄子计杀代王，占领了代国之地，代国旧地即今河北蔚县。赵武灵王十九年（公元前307年），曾"北略中山之地，至于房子，遂之代，北至无穷，西至河，登黄华之上"。无穷即无终，系山戎之国，则代国以北是戎狄之地。赵国的势力已扩展到了代国以北，即今张家口北部。在张家口坝上张北县已发现了赵长城遗址，它东起于黄花坪、狼窝沟一带，沿阴山北麓向西南走向，进入尚义、万全、怀安转北，进入内蒙古兴和，再向西进入大青山南麓的呼和浩特、包头市。赵武灵王长城遗址保存比较完好，有土筑、土石混夯、石砌。自

广灵赵长城

包头市乌拉特前旗白彦花镇（哈拉盖补隆）以后，由于缺乏实地考察，赵长城走向不明。

赵武灵王长城西止于高阙，高阙是狼山的豁口。《水经注》中称高阙处“其山中断，两岸双阙，然峨云举，望若阙焉，故有高阙之名也”。不过狼山上的豁口很多，著名的有石兰计山口、哈隆格乃山口、布都毛德山口。前人多认为，高阙应在乌拉特中旗的石兰计山口，今人则认为未必如此，难以定论，有可能是临河市的哈隆格乃山口。不过上述这些山口虽然都有双阙之状，却至今没有发现长城遗址，山口中的短墙属于“当路塞”，不属于长城。因此，高阙的具体位置，尚需深入考察研究。

赵武灵王长城长约 900 千米，属于比较大的战国长城，要比齐长城长得多。《史记》称，赵武灵王二十六年（公元前 300 年），“攘地北至燕、代，西至云中、九原”，第二年把王位让给其子惠文王，他自己则“身胡服，将士大夫西北略胡地”。由此来看，赵武灵王长城应始建于公元前 300 年，而完成于赵惠文王之时。

中山国长城

中山国是春秋战国时白狄鲜虞所建的一个小国，地处太行山东的燕、赵之间，即位于今河北省西南部平山、灵寿、行唐、定县、正定、石家庄一带。东邻燕，其他三面为赵所包围，国都原在顾（今河北定县），后迁都灵寿（今河北灵寿城西南约 10 千米处，隶属平山三汲乡）。灵寿故城于 1988 年被公布为全国重点文物保护单位。

关于中山国的历史记载非常零星和分散。公元前 414 年，中山武公始建国称公。中山是北方少数民族建立的国家，风俗与中原不同。据说，中山之俗，以昼为夜，以夜继日，男女偎倚不休息，终日欢乐歌谣又好悲。中山国民心涣散，君主幼弱，高官囤积居奇作买卖，官吏结党营私求升迁，小吏贪污而怨声载道。立国仅 7 年，就于公元前 408 年为魏所灭。中山落魏手，对赵国极为不利。因此赵谋助中山复国，中山也励精图强，于公元前 378 年或稍前，中山桓公终于复国，并把都城迁往灵寿。但中山的强大，对赵构成了威胁，赵屡屡攻打中山。中山国为保卫自己，在公元前369年建了一道长城。这道长城用于防御赵、魏，以抗赵为主。

中山国虽小，但敢于与大国对抗。《战国策》说，中山全民奋起迎战燕、赵，南战于长子（今河北临城），败赵国；北战于中山，克燕军，杀燕将领。中山仅是千乘之国，而敌人为两个"万乘"大国，再战再胜。可见复国后的中山士气之盛。赵国必然视中山为心腹之患，赵武灵王图变胡服时犹说：纵使世人都嘲笑我，"胡地、中山吾必有之"。中山国于公元前296年为赵所灭。

近年对中山国长城进行了考古调查，它大体上纵贯于保定西部太行山东麓的涞源、唐县、顺平、曲阳4县。北起涞源黄土岭，经唐县周家堡，至顺平大黄峪，其南以山为险，未筑城墙，由大黄峪村西北海拔700多米的大簸箕掌山峰的半山腰开始又见连续的长城墙体，它沿着唐河东岸大致呈南北走向向前延伸，经顺平神北、富有、大岭后、柏山，在顺平和唐县交界的马耳山入唐县，长城转向西南，蜿蜒于马耳山岭之上，直至西大洋水库北岸。长城复出于水库南岸，在凤山庄南分为两支，一支走向东南，止于一座山崖上；另一支向西南又转向北，为水库所淹没，最终止于唐县的灌城。此外，在顺平隘门口、曲阳郑家庄王快水库北侧的山岭上也发现有长城遗址。长城总长约89千米。墙体石砌或土石混砌，存高0.4~3米，基宽1~2.5米。沿线发现有多处屯戍和烽燧遗址。

燕长城

燕国位于今河北省北部、辽宁省南部。全境东北和朝鲜为邻，北和东胡接壤，西和中山、赵交界，东南是渤海湾，并和齐接。国都在蓟（今北京），后又建武阳为下都，称蓟为上都。

据考古专家的考察发现，燕国建有两道长城：一道在燕下都之南，易水之滨，所以叫作易水长城，也称为燕南长城；另一道在燕国的北境地方。

易水长城的修建完全是为了保卫燕下都武阳的。因为武阳的地理位置太过偏于燕的南境，与好战的赵国、魏国、齐国相邻，燕不得不有所防备。根据《史记》推断，这道长城应该是建在燕昭王（公元前311—前279年）之前。易水长城西起于太行山下，沿南易水北岸向东前进，到徐水，走瀑河北岸（南易水的中、下游地区），又穿越瀑河，顺势沿着瀑河南岸直到容城，接着向东穿越萍河，抵达安新，为今白洋淀北堤所压。长城进入雄县境内，被大清河防洪堤坝所淹没，遂越过大清河向东南前进，经文安抵达大城。长城的墙体除了最西端那部分是石块垒砌的以外，其他都是用夯土修筑建成的。

山海关长城夜景

知识链接

燕北长城的由来

据《史记·匈奴列传》记载：赵武灵王修筑了长城以后，燕国有一个非常贤能的大将秦开在东胡做人质，东胡对他非常信任，也非常尊重。但是当他回到了自己的燕国后，就率领军队去袭击东胡，东胡战败，丢下大片土地，退却到千里之外。于是“燕亦筑长城，自造阳至襄平。置上谷、渔阳、右北平、辽西、辽东郡以拒胡”。这就是历史上的燕北长城。燕北长城大概西起河北省张家口地区的独石口，向东北延伸，经沽源、围场进入内蒙古自治区喀喇沁旗，沿山岭逶迤盘旋到了赤峰，穿越黑山头到达老哈河，渡河后又朝东继续前行，进入辽宁省建平县北部丛山丘陵之中，在高山与深谷之间穿行，地势特别险要。长城出了山谷，过崩河，再一次进入内蒙古自治区的敖汉旗，出了敖汉旗又进入辽宁省北票，径至阜新县。

燕长城遗址

第二节　秦汉长城

长城屯田制度

发展生产积极备战政策的一个重要构成环节就是屯田。它和长城的修筑密切相关。自秦始皇修筑长城，设郡，徙民实边，已经开创了这一制度。汉承秦制，西汉很多帝王也都大力推行筑城、屯田、徙民实边的政策。尤其是汉武和昭、宣时期，采纳了桑弘羊、晁错、赵充国等人的建议，使始皇帝徙民实边的政策得到进一步发展，大力开展屯田。在长城、亭障防守地带以及偏僻地区，以守防士卒和移民共同开垦田地，兴修水利，进行耕作备战。武帝征和（公元前 92—前 89 年）年间，桑弘羊在屯田奏上说："故轮台以东，捷枝、渠犁皆故国……臣以为可遣屯田卒，诣轮台以东，皆种五谷……益垦灌田，稍筑列城而西……严勅太守都尉，明烽火，选士马，谨斥候，蓄茭草。"

汉武帝时期，赵充国是几次驱逐匈奴的猛将，极力主张筑城备防，屯田以济费。在他所上的屯田奏上说："便兵弩、饬斗具、燧火幸通，势及并力。以逸待劳，兵之力者也。臣以为屯田内有亡费之力，外有守御之备……匈奴不可不备，乌桓不可不忧。"汉武帝两次采用他的计策，筑城设防和屯田的建议都采纳了。

昭帝进一步实现了桑弘羊的筑城、屯田政策。他即位的头半年，“后元二年冬，匈奴入朔方，杀掠吏民”，于是立郡“发军屯河西”，“始元二年冬，发习战射士诣朔方，调故吏将屯田张掖郡”，“元凤元年……发人民屯殴脱”(均见《汉书·昭帝纪》)。

宣帝时期又把汉武帝以来的西域屯田计策大力发展，在西域诸属国的中部地区于神爵三年（公元前59年）设立了西域都护（都护府治乌垒城，遗址在今新疆轮台县境内)，用来管理当时50属国的行政事务和屯田工作，因而西域屯田便得到大力发展。除鄯善、车师、轮台、渠犁等主要地点外，乌孙的赤谷城（今伊塞克湖边）同样是重要的屯田地区。在设都护以前，武帝时这里已设置过使者校尉领护，并已经设置了城障、烽燧和防守官吏了。这一事实可在居延发现的汉简中一条简上得到证实。

秦、汉屯田为抗击匈奴、巩固防务提供了必要的物质条件，以后各个朝代除了军屯，还有民屯。屯田对全国各荒僻地区的开发、生产的发展都起了相当积极的作用，追溯其源与万里长城的修筑史息息相关。

秦始皇与万里长城

据《史记》记载，秦代修筑长城始于公元前214年，由大将蒙恬主持这一工程。整个工程“因地形，用险制塞，起临洮，至辽东，延袤万余里”。其中有一部分是在原赵、燕旧长城的基础上修缮增筑而成。长城在当时的历史条件下，起到了一定的防卫作用，但其却是作为一项伟大的建筑工程遗留后世的，“长城地势险，万里与云平”，它见证了我国古代劳动人民的智慧和独创性。

秦始皇统一中国后，对其统治形成威胁的主要是北方的匈奴。匈奴族，中原称其为胡，是中国北方一个古老的少数民族。战国时期，匈奴乘大国争霸之机，不断侵扰边境，逐渐占据了北方河套地区。公元前228年，秦王嬴政第一次到河北邯郸一带巡视，返回咸阳时路过上郡。第二年，秦王便征调民众，沿黄河修筑长城。秦统一全国后，建都咸阳（今陕西咸阳东），居于河套地区的匈奴对咸阳构成了很大的威胁。秦始皇为解除后顾之忧，防御匈奴的南下掠夺和滋扰，开始以巨大的财力、物力和人力修筑万里长城。他首先派大将蒙恬率领30万大军向匈奴大举进攻，攻占了河南（今内蒙古西南黄河河套以南地区），并渡过黄河攻取了高阙、阴山，建立了44个县，把匈奴逐出了原赵长城以北的地方。公元前215年，秦始皇北巡返回时又来到上郡，派蒙恬攻占黄河以南的大片土地，把匈奴向北驱逐出300多里，使其不敢南下牧马。接着于公元前213年，又令蒙恬率部与征用的民夫和大量战俘近200万人，对长城进行修筑。公元前212年，秦始皇又命长子扶苏到上郡监军。公元前210年，秦始皇东巡途中病死在河南沙丘，中书令赵高篡改诏书，令扶苏、蒙恬自杀。扶苏当即自刎，蒙恬不从，被囚禁在阳周（今子长县境内），最终还是被缢死。经过近10年的时间，终于把燕、赵、秦三国原来的长城连在一起，西起陇西郡的临洮（今甘肃岷县），东至辽东，长达一万多里。先是新筑的部分，就相当于原有长城全部长度的一多半。

秦灭六国后，采取了许多有利于国家政治统一、经济文化发展的措施，如书同文、车同轨，统一度量衡和货币等。与此同时，还对六国原有的城池、

扶苏墓

关防进行了毁坏，以防止六国贵族作乱，因此，六国所筑的长城也遭到了破坏，楚、魏、赵、燕所筑长城多在中原地区，所受的破坏最为严重，这是中原地区战国长城遗址较少留存的一个重要原因。不过，在北方修筑的长城，如赵武灵王长城、燕北长城、秦昭王长城，因为仍有防御匈奴的作用，不但没有被毁掉，还加以利用和修补。

秦昭王长城离秦都咸阳最近，成为保卫咸阳的重要屏障，因此，秦始皇当政时期，对秦昭王长城进行了充分的利用和修补。在秦昭王时代，肤施以北的河西地区是赵国的领土，因此，秦昭王长城不能进入赵国境内修筑。秦始皇统一六国后，原先赵国的河西之地已被统一到秦国的版图内，这样便可以将秦昭王长城向北延长。蒙恬筑长城的一个重要任务，就是修补秦昭王长城。秦昭王长城的北端，大体终止于陕西绥德县附近，蒙恬所筑长城，是从白于山向北延申，进入现在的内蒙古境内。新修补的长城是从白于山的东端

秦长城

转向北方，经靖边县东，进入横山县境内，然后越过无定河、榆林河，经榆林市区北，走向东北方，再越过秃尾河至窟野河，进入神木县。在神木县内，长城遗迹比较清楚。秦始皇除了把秦昭王长城向北延长，增修了新的长城以外，又在洮河流域增修了一段新长城。《太平寰宇记》对此记载得尤为具体："兰州，《禹贡》雍州之城，古西羌之地……及秦并天下，筑长城以界之，众羌不复南渡。"兰州附近的长城不是孤立的，而是与始自临洮的秦昭王长城相连接，这样就构成了完整的长城防御体系。

赵武灵王长城修筑于公元前300年，离秦始皇时代不算远，长城的墙体保存得比较完好，在个别地方稍加整修即可以利用。因此，秦代利用原有的赵长城防御匈奴，自然是最简便的办法。大青山南麓的赵长城大部分为秦代所沿用，个别地方新筑了长城，并利用天然山险来御敌。阴山以南、黄河以北的河套地区，由于阴山的屏障和黄河的滋润，气候比较温暖，自古以来就是匈奴人的重要居住地。匈奴单于所居住的头曼城，就设在这里。虽然蒙恬将匈奴驱逐到阴山以北，然而匈奴不忘旧地，时时伺机南下。因此，阴山以南、黄河以北的河套地区就成为秦代防御的重点所在。除了利用阴山以南的赵武灵王长城以外，秦始皇又在阴山以北新修了一道长城。这段长城西起于今内蒙古乌拉特中旗西南石兰计山口北面。石兰计山谷是南北走向，山谷北口有小黄山，山势陡峭，高约百米，自山顶向东北，有土石混筑的长城，沿狼山北坡走向，穿越呼鲁斯太沟。墙体系用石片垒砌，残高5~6米，顶宽3米，附近有烽燧遗址。长城由此向东，在乌拉特中旗海流图镇以南约20千米的红旗店，墙体沿山脊走向，全部用石块垒砌。在进入八音哈苏太苏木以后，在查石太山山脊北坡向东走向。在部北乡南进入乌拉特前旗小佘太乡，仍是石砌墙体。阴山北麓秦长城全长410千米，基本上是沿狼山、查石太山、乌拉山、大青山北坡，自西向东走向，这些山都是阴山的一部分。这段墙体以石砌为主，少部分采用土石混筑、夯筑。

战国燕北长城，在秦代也被沿用，成为秦长城的一个组成部分。赵武灵王长城，东止于张北县狼窝沟。燕北长城西起于何处，目前尚缺乏证据，难以作出确切的说明。不过在秦代为了防御匈奴、东胡的侵扰，把赵长城与燕长城连接在一起，组成了北方的大屏障，这是确切无疑的。据实地考察，在张北县狼窝沟以东有一道大体是东西走向的秦长城，它经过二道边村、小南洼、塞塞坝、小三塔户，到达张北县与崇礼县交界的桦皮岭。桦皮岭属于大马群山，海拔 2129 米，是阴山东段的专称。长城由桦皮岭转向东北，进入沽源县境，经卜塔沟、碾盘沟而到达小厂乡，由小厂乡转向东南，沿葫芦河南下，到达赤峰县与沽源县交界处的骆驼嵯。自骆驼嵯以后，长城消失不见踪影。骆驼嵯山体高大，在骆驼嵯以东有猴顶山，海拔 2293 米，或许是以山险为防，没有修筑长城，也或许是虽有长城而未被发现。

万里长城的修筑，对于巩固中央集权封建制国家的统治、保障北方地区人民的安定生活、发展长城沿线的农牧业生产，是有着积极意义的。唐代诗人汪遵有诗云："秦筑长城比铁牢，蕃戎不敢过临洮。"在中国历史上，第一个真正大修长城的应该是秦始皇了，他无疑是想要借坚固的长城来确保江山的长治久安。但是，就在秦始皇死后不久，大一统的秦帝国即二世而亡，这真是帝国梦想的一个悲剧。秦帝国虽然灭亡了，长城却完完整整地留给了后人。面对这一空前绝后的杰作，历代的文人雅士不知发出过多少感慨，写出了多少传诵千古的诗篇。唐代诗人胡曾就感慨道："祖舜宗尧自太平，秦皇何事苦苍生。不知祸起萧墙内，虚筑防胡万里城。"

汉朝北方外城

汉高祖刘邦在公元前 206 年称帝始建汉朝天下。汉朝在长安（今陕西西安）建立都朝，其疆域之大，人口之多，都让秦朝鞭长莫及。不过在秦末汉初之际，北方的匈奴族在冒顿单于的统治下，东灭东胡，西驱大月支，征服楼兰、乌孙等 12 小国，其西部的疆域已经到达今天的祁连山、天山一带，势力非常强大。所以，终汉一代，一直面临着来自匈奴的巨大军事威胁。为防止匈奴侵犯南方，汉朝大规模修筑长城。除了修缮秦始皇的长城以外，还重新修筑了一些长城，特别是大规模地修筑了河西长城，即今天的甘肃酒泉、玉门至新疆罗布泊一线。

据《史记·匈奴列传》载：匈奴单于曾率兵南下，“引兵南逾句注，攻太原，至晋阳下，直捣汉朝腹地”。还“悉复收秦所使蒙恬所夺匈奴地者，与汉关故河南塞，至朝那（今甘肃固原东南）、肤施（今陕西榆林东南）”“与中国界于故塞”。故塞、河南塞，指的是战国时期秦昭王所筑西起今甘肃岷县、临洮，经宁夏南境、陕西北境，东北达内蒙古托克托西南黄河岸的边地长城。汉高祖七年（公元前200年），汉高祖刘邦亲自率领32万大军向匈奴进攻，结果却被匈奴围困在今天山西大同东北的白登山上整整七天七夜。最后采用陈平献上的良策，重赂冒顿的阏氏，才得以突围。高祖有了这次沉痛的教训，认识到长城的重要作用，于是下令修缮秦昭王时所筑的长城；并“置陇西、北地、上郡、渭南、河上、中地郡；关外置河南郡……缮治河上塞”，用来加强长城沿线的防卫。

在惠帝、吕后、文帝和景帝统治的六七十年间，汉对匈奴采取和亲政策，对外求取边境的安宁，对内休养生息以强国力。然而，和亲只是汉朝单方面的美好愿景而已，纯粹是消极的防守。在和亲的数十年间，匈奴并没有终止对汉朝的侵犯与偷袭，边界警报总是传入汉室，烽火被数次点燃到达京都长安。陇西（今甘肃东南）、上谷（今河北怀来）、云中（今内蒙古托克托县境）、辽东（今辽宁辽阳）等郡，也常常受到袭击。云中、辽东一带，每年被掳去的人口，皆在万人以上。《史记·匈奴列传》记载，汉孝文皇帝十四年（公元前166年），“匈奴单于十四万骑入朝那、箫关，杀北地都慰印，虏人民畜产甚多”。匈奴“小入则小利，大入则大利”，导致汉朝蒙受重大损失。

酒泉汉长城

汉文帝后元六年（公元前158年），汉文帝任命中大夫令免为车骑将军，苏意、张武为将军，率领数万大军在今山西、陕西北部和甘肃东北部一带，修缮秦始皇长城，企图阻止匈奴侵犯汉室天下。从首都长安到长城沿线，还修筑了无数烽火台，用以传递军情。

公元前140年，汉武帝刘彻即位，这时西汉的国力历经数十年的休养生息和“文景之治”，达到空前鼎盛。武帝一改过去那种总是与匈奴和亲的消极防御之策，主动出击，大规模征伐匈奴，50余年间，战争从未有过间断。在军事进攻的同时，还大规模地修筑了长城。《汉书·武帝本纪》载，元光五年（公元前130年），在武帝首次北击匈奴的前三年，就“发卒万人治雁门阻险”。这是对北击匈奴所作的准备工作。真正大举进犯匈奴并修筑长城当是元朔二年（公元前127年）。《史记·匈奴列传》载：“其明年（元朔二年）卫青复出云中以西至陇西，击胡之楼烦、白羊王于河南，得胡首虏数千，牛羊百余万。于是汉遂取河南地，筑朔方，复缮故秦时蒙恬所为塞，因河为固。”这是汉武帝前期把防御匈奴的北方边界推进到今内蒙古阴山南麓的原秦始皇长城一线。

汉武帝元狩二年（公元前121年），被誉为骠骑将军霍去病率领数万骑兵开出陇西地区，经过居延海挥师祁连山，东奔西走，不断地打击匈奴。同年

墩台（汉称烽燧）

秋，匈奴浑邪王杀休屠王率领大军前来汉室投降。于是河西走廊一带地区就归汉朝所有了。武帝先后在此置武威、酒泉、张掖、敦煌 4 郡。从此“断匈奴右臂”，打通西汉王朝与西域各国的通商之道。为保护这条交通道路的安全，切断匈奴与羌人的联系，汉代即开始了大规模修建河西长城。在短短的两三年内，汉武帝修筑了由今甘肃省永登县到酒泉的长城，东面与秦始皇所修长城相接。有关这次修长城，《汉书·张骞传》载：“汉始筑令居（今甘肃永登）以西，初置酒泉郡，以通西北国。”这是汉武帝第二次较大规模地修筑长城。

汉武帝元鼎六年（公元前 111 年）至元封元年（公元前 110 年），武帝又修筑了酒泉到玉门关段的长城，这是他第三次修筑长城。《史记·大宛列传》载：“遣从骠侯破奴，将属国骑及郡兵数万，至匈河水，欲以击胡，胡皆去。其明年，击姑师（今新疆吐鲁番），破奴与轻骑七百余先至，虏楼兰（今罗布泊地区）王，遂破姑师……于是酒泉列亭障至玉门。”所谓亭障，便是堡垒、城堡，同样属于长城的防御体系，只不过亭障与亭障之间缺乏墙体相连接罢了。

汉武帝第四次修筑长城是从太初元年（公元前 104 年）至太初四年（公元前 101 年）间，这次修筑的长城段落为玉门关到新疆罗布泊之间。《史记·大宛列传》载：“敦煌置酒泉都尉；西至盐水（今罗布泊一带），往往有亭。”《汉书·西域传》亦载：“自贰师将军（李广利）伐大宛（今乌兹别克费尔干纳盆地）之后，西域震惧，多遣使来贡献，汉使西域者益得职。于是自敦煌西至盐泽，往往起亭。”一直到此刻，从汉武帝元狩二年（公元前 121 年）到武帝太初四年（公元前 104 年）的近 20 年间，汉武帝修筑起由今甘肃兰州至新疆罗布泊长达 2000 余里的长城与烽燧亭障，使汉代通往西域的大道得到保障甚至变得畅通无阻。后来汉宣帝即位后，又设西域都护府，治理乌垒城（今新疆轮台东北策大雅），汉河西长城的亭燧建筑再向西延伸至库车西北，用来确保东西交通的安全。

汉武帝时期，对于长城的修建范围甚至延伸到内蒙古阴山北麓一带地区。元狩四年（公元前 119 年），卫青和霍去病两位大将分别出兵进攻匈奴，致使匈奴退于漠北，漠南的王庭从而废置不顾。为阻止匈奴南入阴山，太初三年（公元前102年）在阴山北侧、大漠南缘修筑长城，“使光禄徐自为出五原塞数百里，远者千余里。筑城障列亭至卢朐”。五原塞在今包头市西北，这道城障列亭的防御措施，在秦始皇长城以北，史称“外城”“塞外列城”或“光禄塞”，可见并非首尾相连的墙体。在五原郡北有光禄城，应该和光禄塞关系密切。

总的算起来，汉代从西北的河西长城到东北的辽东长城，其长度1万余里，假使再加上今新疆罗布泊、库车一线的亭障，内蒙古一带的列城、城障列亭等，长度可达2万里之上。因此，可以说，汉朝是中国历史上修筑长城最长的一个朝代。

汉长城的遗迹迄今仍有许多地方能够寻得，例如在河北承德地区有一段残长约15千米的汉长城遗迹，它位于燕、秦长城以南，而又在明长城以北，显然为汉代最先修筑的段落。这段长城东自内蒙古宁城县大营子一带进入河北省承德县三道沟门乡獾子沟车子梁，西南行至志云乡双庙梁。残高1.5米，宽8～10米，大部分为土筑，个别地方以石为基，上筑夯土。众多墩台修筑于长城附近，其中有一段，相距2千米筑一座墩台，中间没有墙体相连，恰好与文献上汉代“筑亭障”相吻合。

在今河北隆化、丰宁、滦平、北京密云一带也有汉长城遗址分布，而且在上述地方的墩台高达百余座，多设在两河交汇之处的三角地带或交通要冲的山口。墩台多为方形，下大上小，一般边长8～12米，残存高度1.5～3米。当地群众称之为“炮台山”“馒头包”。河北省境内的汉长城构造仍然是“因险制塞”，城墙与墩台搭配而建，怀安一带的汉长城还出现了马面。从这些遗址上，我们大致上看到了汉长城的形制、构筑材料和规模。另外，在辽东、内蒙古、甘肃等地也都有许多处汉长城遗址，形制、材料因地制宜，各不一样。有些地方用石块和夯土筑相结合而成，有些地方利用峭壁作为一面城墙，而新疆罗布泊至孔雀河畔则是绵延的烽燧，这里就不再一一详述了。

知识链接

武帝之后至东汉末长城规模的缩减

自汉武帝以后，匈奴势力日衰。到汉宣帝时，匈奴内部分裂，呼韩邪单于率部来降，直至西汉末终未再兴。东汉之世，匈奴分为南北二部，南匈奴与汉和好杂处，北匈奴远居塞外驻牧，虽然不时与汉兵有所冲突，然势力衰微，已不成什么气候。总之，自武帝之后至东汉末，随着匈奴势力的削弱，长城虽有所筑，其规模已是很小了。

第三节 北魏至辽金长城

北魏长城

北魏是古代鲜卑族拓跋部建立的政权。鲜卑是东胡的一族，原居于辽东境外。鲜卑族长期停顿在原始社会阶段，以游牧、射猎为业，没有文字，刻木记事，号令约束全凭语言。汉和帝永元三年（公元 91 年），窦宪大破北匈奴，北匈奴远遁后，鲜卑乘机占据北匈奴土地，势力渐盛，遂成为东汉北方的一大劲敌。东汉末年，鲜卑已拥有骑兵10万，南掠汉边，北拒丁零（贝加尔湖地带的游牧民族），东挫扶余（西汉至北魏活动于松嫩平原的少数民族），西击乌孙（其时居于伊犁河和伊塞克湖一带的少数民族），在匈奴故地上建立起东至辽河流域、西及西域、东西长14000余里、南北长7000余里的军事与行政的部族大联合体。魏晋时，鲜卑诸部大臣中宇文氏、慕容氏、拓跋氏相继兴起。宇文部居辽东塞外，慕容部居辽西，拓跋部居并州塞外，西晋末始进入并州。由于与汉族接触日多，鲜卑人潜移默化而逐渐接受汉文化，并参与中原逐鹿。公元310年，拓跋部酋长猗卢受晋封其为代公，获陉岭以北之地（今山西代县西，勾注山以北）。公元314年，晋封为代王，建立起封建国家，但国内原始社会残余势力仍强，斗争十分激烈。公元340年，定都盛乐（今内蒙古自治区和林格尔土城子城址），开始有了农业。公元386年，拓跋珪改国号为魏，利用汉族士人整顿政治，同时，大力征伐，十余年后，占据了大河以北诸州郡。公元398年，魏建都平城，第二年改称皇帝。北魏政权是汉化的鲜卑人政权，在政治上依靠汉族士人，军事上依靠鲜卑人，鲜卑人自身亦在逐渐汉化。在拓跋氏逐鹿北方、建立北魏政权前后，它的北方新兴的柔然成为劲敌，形成后顾之忧，使它不得不有所防范。

柔然始祖原是拓跋部掠骑捕获的奴隶，因其秃头，赐名木骨闾。后来木骨闾逃走，投奔纥突邻部，其子雄健勇武，自立一部，号称柔然。北魏统治者蔑视他，认为他无知，状类于虫，给他起了一个侮辱性的名称叫蠕蠕，南朝称他为芮芮或茹茹。柔然无文字，刻木记事，将帅以羊屎粗记兵数，随水草畜牧，冬则迁徙漠南，夏则还居漠北。5世纪初，柔然开始强大起来，东自朝鲜之地，西逾阿尔泰山和焉耆国相邻，北越沙漠及贝加尔湖南，南临大戈壁，建立起奴隶制汗国，设庭于敦煌、张掖北。

北魏建筑

柔然的强盛和连年进犯无疑是北魏争霸中原的后方威胁，明元帝、太武帝都曾亲征讨伐，太武帝亲征达10次之多。始光元年（424年），太武帝被柔然铁骑重重包围计50余层。太安四年（458年），太武帝用车15万辆、骑10万，旌旗千里，远渡大漠。柔然闻风远遁，文成帝乃刻石纪功而还。从此之后，柔然畏威北走，不敢再南下骚扰，边境遂安。其后柔然虽也再起犯塞，均未构成大患，后来柔然和北魏一直维持着朝贡与和亲的关系。

在明元帝、太武帝征伐柔然的同时，也多次筑长城和设镇防御。据《魏书》记载：明元帝泰常八年（423年）正月，“蠕蠕犯塞。二月戊辰，筑长城于长川（今内蒙古兴和西北）之南，起自赤城（今河北赤城），西止五原，延袤二千余里，备置戍卫”。该长城是在赵北长城、秦汉长城的基础上增修改造而建成的。经调查，它东起自赤城县东南独石口北的大山上，东北行至骆驼砦、桦皮岭，往南沿崇礼县、赤城县交界再向西，抵万全县、张北县交界的黄花梁，至怀安县桃沟村入内蒙古兴和县，再经丰镇县、察右前旗、卓资县、察右中旗、呼和浩特市区、武川县抵固阳县，其中一些地段又被明代利用。在内蒙古境内遗迹不甚清晰或已无遗迹，河北境内的长城墙体也坍塌严重，几成土垅或呈石堆状，存高约1米，基宽2~3米。

太武帝延和元年（432年）七月，车驾至和龙（今辽宁省朝阳市），“发其民三万人穿围堑以守之”。

太武帝太平真君七年（446年）六月，“发司、幽、定、冀四州十万人筑畿上塞围，起上谷（今河北居庸），西止于河，广袤皆千里”；九年（448年）二月“罢塞围作”。按记载这段长城应东起居庸，西抵黄河东岸，行走于河北省西北部和山西省北部，它应是围绕于首都平城的北部以捍卫京畿的，故称畿上塞围。据调查，畿上塞围大概是东端由北京市门头沟区的东灵山进入河北涿鹿县，西行经蔚县，入山西广灵县，经繁畤县、代县、宁武县、岢岚县，止于黄河东岸。在河北境内所见墙体为石砌，保存良好者残高约3米，基宽约3.1米。然而按史料记载它应起于北京市，行经和止于山西省，但北京市和山西省经近年的调查均未能予以确定，此“疑案”只能留待今后解决了。

太武帝时，为加强防御，在长川之南的长城险要处设置了六镇，此六镇自西往东为怀朔、武川、抚冥、柔玄、怀荒、御夷镇。经考证，怀朔、武川、抚冥、柔玄镇在今内蒙古自治区境内，怀朔镇位于今固阳县白灵淖尔乡城；武川镇位于武川县西；抚冥镇在四子王旗东南；柔玄镇在兴和县台基庙东北；怀荒镇在今河北省张北县；御夷镇在今赤城县北独石口一带。有学者认为，六镇中有沃野镇而无御夷镇。沃野镇在今内蒙古自治区乌拉特前旗苏独伦乡根子场村南。怀朔镇故城和沃野镇故城于2006年被公布为全国重点文物保护单位。这些镇都置重兵把守，在边防上起到了重要作用。

据《资治通鉴·齐纪》记载，孝文帝太和八年（484年），高闾上表建议："今以依故于六镇之北筑长城以御北虏，虽有暂劳之功，乃有永逸之益，如其一成，惠及百世。即于要害，往往开门，造小城于其侧，因地却敌，多置弓弩，狄（柔然）来有城可守，有兵可捍。计六镇东西不过千里，若一夫一月之功，当三步之地，三百人三里，三千人三十里，三万人三百里，则千里之地，强弱相兼，计十万人一月必就。"这项建议，后世史家多认为未被孝文帝采纳，故未建长城。但经近年考古调查，在六镇之北确有一道长城遗迹，从而确证了文献记载的真实性。这段长城西南端见自内蒙古武川县水泉村北，北走至达尔罕茂明安联合旗南，再往东北抵四子王旗东，后向东南行经察哈尔右翼中旗、察哈尔右翼后旗，折东走历商都县、化德县、河北康保县、内蒙古太仆寺旗、正蓝旗、多伦县，南去至河北丰宁县乌孙吐鲁坝西麓止，全长约305千米。墙体用土堆积而成，有的地段曾经夯筑，但破坏严重，现已成弧背形土垄，存高0.1~1米，宽2.5~3米，一些地方已被改为公路。沿线未发现障城或烽燧遗址。长城的部分地段为金代界壕所利用。

北魏末年六镇起义时，统治者竟利用柔然兵力来消灭六镇军民，六镇也因此受到破坏，"六镇荡然，无复蕃捍"。结果长城以北归柔然汗国所有，柔然又得以强大起来。东、西魏分裂后，与柔然和亲，以图支持。其时，东魏丞相高欢也曾筑了一道简易的长城。据《资治通鉴·梁纪》载，在孝静帝武定年间，高欢"筑长城于肆州（今山西忻县）北山，西自马陵（今山西静乐），东至土墱（今山西代县西南）。四十日罢”。

这条长城经考古调查，大体上呈东西走向，西端见于宁武县城西，依管涔山东坡下行，又沿凤凰山西坡而上，东走入原平县，终于黑峪村北。长约110千米。墙体大部分为片石垒砌，少量系夯土构筑。片石垒砌墙体时，采用在墙体两侧为片石，而每隔几米、十几米不等中间垒一隔墙，中填碎石和杂土；或者先用片石垒砌至一定高度，于其上平铺一层小整树，依此层层垒放，墙体存高1.4～3米，基宽3～6.5米。夯土构筑的墙体则破坏严重，存高约1米。沿线发现5座城障遗址。此长城后为北齐所修缮沿用。

北齐长城

公元550年，高洋篡东魏帝位，建国号齐，史称北齐。北齐据有今河北、河南、山西、山东等大片领土。北齐北有突厥、柔然、契丹等游牧民族的威胁，西有北周政权的对峙。为了防御这些威胁，北齐便大筑长城。据《北史》记载，北齐天保三年（550年），自西河总秦戍（今大同西北）筑长城，东至于渤海（今河北山海关）。天保六年（550年）皇帝下诏，征发180万人修筑长城，自幽州夏口（今北京居庸关南口）西至恒州（今大同）900多里。天统元年（565年），又自库堆戍东距海2000余里间，凡有险要、堑山处筑城，断谷起障。《北史》上记载，齐前后修筑东西走向的长城共1500多千米，30千米设一戍，并在险要地方设置州、镇共25处，用以驻兵防守；并在天保八年（550年）年初，于长城内筑重城，自库络拔（今大同西南）至坞纥戍（今平型关东北），长200多千米。天统元年（550年）又把坞纥戍的重城向东伸延至居庸关，与外城相结合。

北齐古长城遗址

为了防御北周，北齐还修筑了南

北向长城。《资治通鉴》上记载，北齐河清二年（563 年），司空斛律光率领步骑兵 2 万人，修筑长城 100 多千米，即今尤关、广昌、阜平之间的长城。

隋长城

公元 581 年，隋文帝杨坚统一了南北，结束了自东汉末年以来 400 年间封建割据的局面，为了防御突厥、契丹、吐谷浑等也多次征发大批劳力修筑长城。根据历史记载共修长城 7 次。如《隋书》记载：开皇三年（583 年）命崔仲方发丁 3 万于朔方、灵武筑长城，东至黄河，西距绥州（今绥德县），南至勃出岭（绥德县北），绵亘 700 里。公元 587 年令仲方发丁 15 万，于朔方以东，缘边险要筑数十城以遏胡。大业三年（607 年）发丁男百余万筑长城，西逾榆林，东至紫河（在大同西北），二旬而毕。大业四年（608 年）发丁 20 余万筑长城，自榆林谷而东。隋代对长城的修筑虽然次数很多，有时征发劳力也很大，但是所修筑大多是就原有内部长城加以修缮，没有大规模增筑新修，较之秦、汉长城的工程，相差甚远。

唐、宋、辽时期，长城的修筑工程几乎处在停息阶段。其原因是唐代北方大破突厥，版图所辖远出大漠，设北庭、西域都护府管理西北广大地区，长城已经失去了作用。宋朝虽然统一了中原，但是北部又有辽、金的对峙，所辖范围已在原来秦、汉、北朝长城的南面，原来的长城已在辽、金境内，只是在宋初太平兴国四年（979 年）命潘美、梁回在雁门、句注之间修筑了一些城堡和规模不大的域垣用以警备辽的南进。为时不久宋王朝势力又退到长江以南，更谈不到长城的修筑了。辽代对长城工程也经营不多，据《宏简录·李俨传》上记载，清宁四年（1058 年）在鸭子河与混同江之间修筑了一段长城。

唐宋长城

唐王朝国力强盛，疆域辽阔，无须凭恃长城作屏障，仅是为了防止奚、契丹等部落的滋扰，对个别地段有过利用或修缮。

据史料记载，为了御防契丹、西夏，宋王朝曾于边境营造成串的堡寨，但终未形成严密的防御体系。这一时期，长城的修建几乎陷入停顿状态。

唐长城

辽长城

在辽朝建立以前，契丹人主要居住在西辽河流域。在契丹人的东方是渤海国（公元720—926年），渤海国的都城设置在上京龙泉府，即今黑龙江宁安县渤海镇。契丹与渤海有世仇，公元907年，唐朝灭亡，历史进入五代十国时期。这时的北方，契丹人首领耶律阿保机建立了第一个契丹人王朝——辽朝。渤海是受唐册封的地方政权，属于唐朝版图的一部分。因此，双方关系十分密切，使节往来不断。据统计，双方使节往来至少有近百次之多。耶律阿保机为了防止渤海从中原取得援助，急需隔断渤海与中原的联系，故而在讨伐渤海之前，先修筑镇东海口长城。所谓“镇东”，就是震慑东方渤海国。

《辽史·太祖本纪》中就有记载：太祖二年（公元908年）冬十月，“筑长城于镇东海口”。耶律阿保机修筑长城的目的，是阻隔渤海与中原的联系，因此，长城必然位于渤海与中原往来的交通要道上。当时，渤海与中原的使节往来，主要是走海路，即从辽东半岛渡过渤海海峡，到达山东半岛。这条海路早在汉魏时期即已开通，有许多中原人士也由此海路到达辽东。例如北海都昌人蓬萌，由于对王莽统治不满，于西汉末年“将家属浮海，客于辽东”。所谓“浮海”就是渡过渤海海峡，它比走陆路要方便得多。到了唐代，从山东到辽东的海路交通尤为发达。《新唐书》载：“登州东北海行，过大谢岛、龟歆岛、末岛、乌湖岛三百里。北渡乌湖海，至马石山东之都里镇二百里。东傍海，过青泥浦、桃花浦、杏花浦、石人汪、橐陀湾、乌骨江八百里……至泊汋口，得渤海之境。”记载如此详细，是因为渤海与唐朝的使节频频海路往来。都里镇即现在的旅顺，是中原通过海上前往渤海的必经之地。都里镇东傍海口，四面环山，南面有一缺口与渤海相通，海口内风平浪静，利于海船停泊靠岸，由此登陆以后东北行，要经过大连、金州以后，才能走出辽东半岛进入渤海境。金州以南 9 千米处有南关岭，地势比较高，岭东是大连湾，岭西是金州湾，其间陆地宽只有 5 千米，是辽东半岛最狭窄的地方，在此设防便可以阻止由渤海登岸之人的北行，在军事上有重要地位。因此，镇东海口长城修筑在这里，是最理想的选择。据报道，在南关岭上发现类似长城墙体的存在，应为镇东海口长城故址。

金长城

金是女真族在我国北方建立的国家。女真族原散居于长白山北、松花江及黑龙江流域，商周时称肃慎，两汉时称挹娄，南北朝时称勿吉，隋唐时称靺鞨，其中一部粟末靺鞨曾建立渤海国（698—926 年）；五代时改称女真（也称女直），臣属于辽国，每年要向辽贡献良马、金、珠、人参、貂、猎鹰等特产。11 世纪末，女真族完颜部逐渐强大，建立了各部落的联盟。1114 年开始抗辽；1115 年，完颜部首领阿骨打称帝，国号金；1125 年灭辽；1127 年逼宋南渡。金国占据了淮河以北的广大地区，东境从混合江（今松花江）下游直抵海边，北至大兴安岭，西与西夏为邻。金初期定都于上京会宁府（在今黑龙江阿城南 2 千米处），这是完颜部的世居地和发祥地。1153 年，迁都于燕京（今北京西南），称中都。金上京会宁府遗址已于 1982 年被列为全国重

金长城

点文物保护单位。

在金国称雄中原之时，金的西北方、大兴安岭外有强悍的鞑靼诸部形成威胁。鞑靼人游牧于今蒙古人民共和国境内及贝加尔湖一带的富饶草原。雄踞东部、控有呼伦草原的塔塔儿部原臣服于金，进献贡赋，因不堪压迫，常起来反抗，而且屡屡兴兵扰金。在塔塔儿之西的蒙古部，这时也正在悄然兴起。12 世纪中叶之前，蒙古各部落已产生了军事领袖；不久，又组成了强大的部落联盟，首领称为可汗。至铁木真时，蒙古铁骑征服了西抵阿尔泰山、东至黑龙江上游的各部，建立起蒙古帝国。1206 年，铁木真被推举为蒙古大汗，尊称成吉思汗，以灭金、侵宋、统一全国为大业。蒙古初时也臣属金国，后在崛起和壮大中不断侵扰金的领土。金为抵御塔塔儿和蒙古的侵犯，自熙宗（1135—1149 年）以来即连年出兵征战。同时为了巩固边防，在西北境开掘了界壕，即长城。

根据文献记载与近人研究，金界壕之开掘始自熙宗天眷（1138—1140

年）以前；世宗（1161—1189 年）时有大规模的工程；章宗明昌年间（1190—1195 年）再度修筑，至承安三年（1198 年）基本完成。

金长城在历史上多被称为界壕或边堡。工程是掘地为沟堑，以阻止游牧民族的马骑。但因地处塞外草原，人烟稀少且风沙大，沟堑常被湮没，所以沿沟堑的要害处又筑有边堡，以屯戍军卒，形成另一条防御线。

从考古调查得知，金界壕主要分布在今内蒙古自治区境内，分南、北两线，两线基本平行，取东北向西南走向。

南线东北起自大兴安岭东南麓、嫩江西岸莫力达瓦旗尼尔基镇北，西南至于武川县大青山上。

南线总长约 6500 千米。在中国境内长 4000 余千米。

南线长城当时分属于东北路、临潢路、西北路、西南路修筑和管辖。四路界壕的起止都有记载，如东北路起自达里带堡子（今内蒙古莫力达瓦尼尔基北），止于鹤五河堡子（鹤五河即今霍林河）；临潢路自鹤五河堡子至胡烈么；西北路东起胡烈么西至坦舌；西南路自坦舌以西。

金界壕的北线分布在呼伦贝尔西部、大兴安岭北，或称岭北线。东起自呼伦贝尔盟额尔古纳右旗上库力村，沿根河南岸西行，后折向额尔古纳河东岸，南走至红山嘴，越河进入俄罗斯共和国境内，沿河北岸向西南延伸，至满洲里市北复入我国境内，穿过新巴尔虎右旗北部出境入蒙古人民共和国，沿克鲁伦河与乌勒吉河之间的草原伸向西南，止于鄂嫩河之南与乌勒吉河河源之北的沼泽地，全长约 700 千米，在中国境内长约 256 千米。

知识链接

金长城界壕的形制

金长城界壕的形制，除掘地为堑壕外，还把堑壕内挖出的土石堆筑在内侧，不与夯实或加夯实形成长墙。现壕一般宽5~8米，深2~3米；墙基宽5~8米，高2.5~5米。在南线的内线之外侧筑有副墙、外壕，形成主墙、内壕、副墙、外壕4道防线。副墙、外壕规模略小。在主墙或单墙上加筑马面和烽火台。马面伸出墙外4~5米，底宽6~8米，高出墙身1米多。各马面间距在南线为60~150米，北线为20~40米，均设于险要地段或转弯处。马面的构筑、用途与早期长城上的墩台及明长城的敌台有相同之处，但作为仅突出于墙外侧的马面，目前只见于金长城上。烽火台多设于山顶或谷口，便于瞭望和传警，有的也建于堑壕附近，残高5~6米，间距500~2500米。

关城位于交通要道上，在界壕上留有出入口，于内侧加筑3面墙，一面置门，平面呈方形，边长30~40米不等。边堡于南线大约10千米置一座，北线堡距则为10~20千米。堡址平面呈长方形或方形，小者边长30~50米，堡内有简单的建筑，离界壕很近，应为守边戍卒居住之处，因此也称戍堡；大者边长120~200米，墙上有马面、角楼，个别门外加筑瓮城。堡内正中有一处方形建筑，或建内城为官吏处所；周围有一排排小房，为兵卒所居。堡离界壕数米或远至数千米。在霍林河矿区曾发掘边堡两座，均设内城，兵卒所居房呈长方形或为圆形帐篷式，居室内有取暖火坑，屋外有水井，反映了戍兵的生活习俗。在这两座边堡的附近，界壕的内侧就近又设置3座附壕小戍堡，当为戍卒守边时所用。在科尔沁右翼中旗西北部、霍林河北岸的吐列毛都镇试掘了东西相距160米的两座边城，从城的形制和城内成排成列的兵房、粮穴分析，当与界壕的军事防御有关，很可能是东北路所辖的一处军事重镇。

金界壕遗址于2001年被列为全国重点文物保护单位。

第四节 明长城

万里长城的最终形成

明朝在灭掉元朝以后，残余的蒙古贵族逃回旧地，但仍然不断地南下骚扰掠夺；后来在东北又有女真族的兴起，为了防御蒙古、女真等游牧民族的骚扰，明代十分重视北方的防务。明太祖朱元璋原是一个农民起义的领袖，对于城池的攻防有着丰富的经验，当他已经取得天下的时候，为了巩固其统治，便十分重视筑城设防的措施。早在朱元璋即将统一全国的时候，就采纳了休宁人朱升“高筑墙、广积粮、缓称王”的建议。高筑墙就是筑城设防备战之意。因此，明朝不仅对全国各州府县的城墙都修筑得十分坚固，全部用砖包砌；而且对长城的修筑工程更为浩大，在明朝的200多年中就没有停止过对长城的修筑和巩固长城的防务。明朝长城工程之大，自秦皇、汉武之后，没有一个朝代能够与之相比，工程技术也有了很大的改进，结构更加坚固，防御的作用也更大了。可以这样说，万里长城这件从春秋战国时期开始修筑、经秦始皇连成一体的伟大工程，直到明朝才最终完成。

明朝的军事防御工程，不仅是长城，而且在东北、西北和东南沿海以及

新疆境内的烽火台

全国各地都设置了军事机构，修筑了城防、关隘。远出万里长城山海关以北1500多千米的特林地区设立了奴儿干都司，行使军事和民政权力。远出嘉峪关西北数千里的哈密、沙洲、吐鲁番等地设立了卫所等军事和民政机构管理那里的军事和民政事务。这些城防、关隘、都司、卫所与万里长城一起构成了明朝的防御工程体系。

明朝还在重要的关隘地方，特别是在当时的京城北京的北面居庸关、山海关、雁门关一带修筑了好几重城墙，多的达到20多重；并在长城南北设立了许多堡城、烟墩（烽火台）用来瞭望敌况，传递军情。正德年间（1506—1521年），还在宣府、大同一带修筑了烽堠3000多所。戚继光任蓟镇总兵时又在山海关至居庸关长城线上修筑墩台1000多座。这些烽堠、墩台与长城南北的许多城防、关隘、都司、卫所等防御工程和军事机构共同构成一道城堡相连、烽火相望的万里防线。

知识链接

万里长城的误解

由于朱元璋曾接受了朱升“高筑墙”的建议，在他正式建国号的第一年——洪武元年（1368 年）就派大将军徐达修筑居庸关等处长城。洪武十四年（1381 年），又修筑山海关等处长城。到公元 1600 年前后经过了 200 多年的时间才基本完成了万里长城的修筑工程。而一些个别城堡关城一直到明末还在修筑。这一东起鸭绿江、西达嘉峪关、全长 14600 多里的长城，其中从山海关到鸭绿江这一段长城，由于工程比较简单，毁坏较为严重。而从山海关到嘉峪关这一段工程较为坚固，保存较为完整，又有两个关城东西对峙，所以长期以来就被误称为东起山海、西到嘉峪的万里长城了。

九边十一镇

为了加强长城的防务和指挥调遣长城沿线的兵力，并便于经常修缮长城关隘工程，明代把长城沿线划分成九个防守区段，称之为“九边”；每边设镇守（总兵官），谓之九边重镇。九边九镇之外，为了加强京城的防务和保护帝陵（今明十三陵）的需要，于嘉靖三十年（1552 年）又在北京的西北增设了昌镇和真保镇，共为十一镇，构成了九边十一镇的防御体系布局。

十一镇分别管辖的长城范围、总兵驻地如下：

辽东镇：总兵驻广宁（今辽宁北镇），管辖的长城东起丹东附近的鸭绿江畔，西至山海关，全长970余千米。

蓟镇：总兵驻三屯营（今河北迁西），管辖的长城东起山海关，西至慕田峪（今北京怀柔县境内），全长880余千米。

昌镇：总兵驻昌平，是为了加强王朝首都和帝陵（今明十三陵）的防务而从原蓟镇中增设的。管辖的长城东起慕田峪，西至紫荆关，全长230千米。

真保镇：总兵驻保定，为加强王朝首都的防务而增设的。管辖的长城北起紫荆关，南至故关，全长390千米。

宣府镇：总兵驻宣化，管辖的长城东起居庸关，西至西洋河（今山西大同东北），全长511余千米。

大同镇：总兵驻大同，管辖的长城东起镇口台（今山西天镇东北），西至鸦角山（今山西偏关东北），全长335千米。

太原镇：也称山西镇，总兵驻偏关。管辖的长城，西起保德、河曲的黄河岸边，从偏关、老营堡、宁武关、雁门关、平型关、龙泉关、固关而达黄榆岭，全长800余千米。因为此镇在大同、宣府两镇长城之内，所以又把这一线长城称作内长城。此线长城多石墙，有的石墙多达20多重。

延绥镇：也称榆林镇，总兵驻榆林。管辖的长城东起黄甫川（今陕西府谷境内），西至花马池（在今宁夏盐池县），全长850千米。

宁夏镇：总兵驻银川。管辖的长城东起大盐池（今宁夏盐池县境内），西至兰州，全长约1000千米。

固原镇：总兵驻固原。管辖的长城东起靖边与榆林镇长城相接，西至皋兰与甘肃镇长城相接，全长约500千米。

甘肃镇：总兵驻张掖。管辖的长城东起兰县（今兰州），西至嘉峪关祁连山下，全长约800千米。

以上九边十一镇的长城，长度共计7300多千米。全线防守官兵名额共计976600人之多。由于明长城各镇的管辖范围和官兵人数时有变化，以上统计只是一段时间内的数字。长城的长度也只是一些文献上的记载，实际的长度远不止此。就以北京地区的长城来说，原来只知是300多千米，后来以空中遥感方法调查，发现了更多的遗址，长度已达628千米，较之原来增加了1倍。其余地区的长城的长度，应该也不止于原来发现的数字。

第三章

长城的修建与构造

长城是人类历史上的奇迹。2000 多年前，中国人的祖先在极其恶劣的环境下，运用集体的智慧，修筑了这条屏障，并通过子孙后代不断的修缮和扩充，铸成了我们今天所见到的万里长城。长城是炎黄子孙的骄傲，是挺起整个中华民族的脊梁。长城的历史，就是一部中华民族的奋斗史。长城，不仅是历史的见证者，更是历史的参与者。中华民族的千年沧桑，给长城画上了浓墨重彩的一笔。

第一节 长城的修建

长城建筑艺术

上千年的长城建筑，集中了无数将帅士卒和能工巧匠的聪明才智，传扬了中华民族伟大的创造精神和美学观念，展现了古代建筑思想和技术的宝贵经验。

在总的设计上，天险利用合理，布局得当，形式丰富多样。长城行经的地域辽阔，地理情况非常复杂，高山峻岭、沙漠高原、大河深谷、戈壁石滩都需要跨越，而在总体设计上，又要使长城的军事防御功能发挥重大作用，作到以防为主，攻防结合。那么究竟怎样将长城修筑的坚实牢固，而又节省工时、原料，这是当时的设计者们考虑的核心问题。我国古代伟大的劳动工匠和军事家们，在实践的基础上很早就创造并总结出了一套设计思想和原则，可以概括为：充分利用自然艰险的地形，选择合适的修筑地址，合理布局，以城堡、墙、墩、台、壕等多种形式，表里相应，互为利用，组成一个完整的防御体系，使积极防御的军事目的快些达到。例如，早在秦始皇之时，蒙恬修筑长城，就总结出“因地形，用险制塞”的宝贵经验，此后历代修筑长城全部遵循这一原则。如在山区，山脊本身就好像一道大墙，在山脊筑城就更加险峻，因而长城在走向上，多是沿山脊而蜿蜒，同时在山脊上筑城还可依傍山势，将城的外侧筑高，使之非常险陡，利于提高防御能力；而内侧则相对平缓低矮，便于士卒上下和运输物资。又如在巨石悬崖陡坎险坡之处可以不必修筑或仅仅稍加平整，而在河谷汇合转折之处或平川往来必经之地，则必修筑关隘。再如利用两山之间的峡口修筑“当路塞”的固关，同样可以利用较少的人力与建筑材料以便达到控制险要位置的目的。其他办法还有诸如利用高山障壁当作山险墙，利用险峻的悬崖绝壁，顺山势加以人工劈削筑劈山墙等。至于烽燧、堡戍的修建，更要选择有利地形，以山势高峻、方便瞭望远方的敌方情况与防守功能俱佳的地方为好，而且必须使烽火可以互相看到，才能使警报得以顺利传递。此外，明代戍城将士总结前人经验，创建“窦、墩、墉”等办法，也很科学。“窦”即孔道，长城经小河溪谷，须在城基下卷修筑“木门”“暗门”，飞梁而过，以便使水流畅通无阻；“墩”即沿山涧谷道，在山巅筑峰墩，与长城结合，一体使用；“墉”是长城在跨越大河时，沿河两岸修筑夹岸长城，使河水在两墙之间穿流而过，士卒可以在城上用弓箭、火石使企图过河的敌人受到前后夹击。

长城作为一种边防设施，在建筑时不仅利用了天险，而且也将整个国家的战略形势考虑了进去，所以在建筑设计上彰显了我国古代的军事防御思想和技巧。汉时为了守卫长安，派苏建率兵10万按照蒙恬旧规模置郡朔方，列障戍于河套地区，又开河西5郡，断绝和匈奴的关系，让关中没有隐患的存在。北魏建都平城，先于长城要害之处设沃野、怀朔、抚冥、武川、柔玄、怀荒6镇，继而征发百姓10万，筑“畿上塞围”，东起上谷，西至黄河，从而形成了对平城的拱卫之势。明代长城的防御体系最为完善，沿长城一线划分了9个防区，是谓“九边”，设置了大宁、开平、东胜三卫，并且分别以居庸、紫荆、倒马为“内三关”和雁门、宁武、偏头为“外三关”，构成两道长城防线。特别是戚继光督修的金山岭长城，在控制战场和增大防御弹性方面就想了很多办法：每座敌台的战台和类似瓮城的挡马墙使敌人

挡马墙（又称垛口墙）

很难接近，与东西走向之长城主体同样坚固的朵墙伸向当面浅近纵深，朵墙左右两翼可瞰看前沿的制高点上还筑有独立的瞭望墩台。这样，便构成了前哨要点、斜切阵地和主阵地有机联系的筑城体系。如果敌人来进攻，防御者不但可以利用支墙机动兵力兵器提前接应，一旦进攻者楔入，还可以组织倒打火力，使之腹背受敌。不要看不起这一道支墙，它足以使长城脱出一线式防御的被动。

与东部的崇山峻岭不一样，西部的长城体现了另一种长城建筑与自然的融合。西部的长城大多位于戈壁大漠中，因为缺少砖石材料，几乎全部用黄土夹以芦苇和柳条夯制而成，土夯的城墙与沙漠和戈壁的色调完美结合达成一致。西出敦煌 80 千米的戈壁之中，留有玉门关遗址，乃土坯垒成的城堡式建筑，在距敦煌西 70 千米的阳关遗址，仅残存一座烽火台。在四周无垠的戈壁之中，这两座宛如颗粒一样小的建筑，不仅没有因它们体积的微小而为大漠的苍茫所淹没，反而突兀地矗立在滚滚黄尘和砂石之上，宛如铁骨凌空。它们在广袤无垠的沙漠戈壁和交错变幻的千古岁月中，展示出一种纪念碑式的苍凉感。

总而言之，长城的自然特点和人工建筑完美结合的建筑艺术，以其“古”“长”“大”“险”“巧”为特征，其建筑艺术成就是世界罕见的。

长城对山体的利用

高大的山体对人马的行进有重大的阻碍作用，特别是山上生长的茂密森林，可以埋伏千军万马，更令入境的敌人望而生畏。民间所说的“草莽英雄”“绿林英雄”，都与山林有关。因此，古代行军打仗，无不以山林为屏障，长城的修建也是如此。

长城对山体的利用是多方面的，概括起来主要有三项，即依山筑墙、山险制敌、凿岩设防。

1. 依山筑墙

所谓依山筑墙，是指长城的墙体修筑在山体之上，依托山体修筑长城。

在有山岭的地区，长城走向的选择一般都离不开山区，都是尽可能地在山岭之上修筑长城墙体。从战国长城到明代长城，几乎都是如此，很少有例外。

其中，以战国齐长城最具有代表性，齐长城从济水（今黄河）到黄海，横穿了山东省中部山区，计有泰山（主峰海拔 1532 米）、鲁山（主峰海拔 1080 米）、沂山（主峰海拔 988 米）、箕尾山（主峰为九佛山）。据学者实地考察所见，齐长城墙体所经过的比较大的山峰有 180 多处，至于比较小的山头则多达数百处。齐长城只有西端起始处是在济水（黄河）冲积平原上，不过这段长城城墙很短，只有 1589 米。

战国燕北长城的西段，是沿大马群山（阴山东段）走向，其东段是沿燕山、努鲁儿虎山走向。在丰宁县，燕北长城从北坝头至乌孙吐鲁坝顶（实为一平缓的山梁），长城建在南坡下侧的山脚处，长城上部已与山坡连为一体。在内蒙古赤峰市和辽宁朝阳市境内，长城线所经山地北坡坡度多在45°～60°，南坡坡度在 20°～40°。

战国赵武灵王长城东段，是在阴山中修筑的。赵长城在察右前旗地段，分布在灰腾梁南麓地带，北部为低伏的坡梁。在卓资县、呼和浩特市、土默特左旗境内，赵长城是贴近山脚修筑；在包头市附近，长城又进入大青山中，包头附近的长城遗迹，都是迤逦于丘陵之中，跨山越水，形势非常险要。

老虎山长城

阴山北麓的秦始皇长城，西端起始于小黄山，山势较陡峭，可见长城自此山顶始筑，再向东延伸。自小黄山以东，长城蜿蜒在狼山北坡上。在起伏不大的查石太山区，长城筑在山脊的北坡顶上。此后，长城遗迹再现在横亘于固阳县中部什尔腾山上，一般位于山脊顶部北坡，局部逶迤盘桓在山腰。

北魏的“畿上塞围”长城，东始于北京八达岭，向西经过了黄草梁韭菜山（主峰海拔1915米）、东灵山（主峰海拔2303米）、小五台山（主峰海拔2882米）、太白山（主峰海拔2234米）、五台山（主峰海拔3058米）、管涔山（主峰海拔2473米）、芦芽山（主峰海拔2771米），直达黄河东岸。北齐高洋所修筑的天保长城，西起黄栌岭，中经太行山到达北京以后，又沿燕山向东南走向，到达渤海西岸。北齐长城故址，在北京怀柔区北部的山中，很早以前就被发现，北宋人沈括对此已有明确记载。在河北抚宁县驻操营乡板厂峪的山坡上，北齐长城遗址保存相当完整，与山脊上的明长城走向泾然有别。

明代的辽东镇边墙、蓟镇边墙、宣府镇边墙、大同镇边墙、太原镇边墙，都是在山区修筑的；榆林镇边墙地经过了部分山区。明代边墙修建时代比较晚，许多段落（如老虎山长城、山海关长城、金山岭长城、慕田峪长城、八达岭长城、嘉峪关长城）如今已变成了旅游点，依山而筑的情形显而易见，无须赘述。

2. 山险制敌

古往今来，战争双方无不以山险制敌，因此，山险素为兵家所重视。把长城修筑在山区是有其原因的，在山体特别险峻的地方，可以直接利用悬崖峭壁去阻挡敌人的进攻，而不必修筑长城墙体，可以节省大量的人工和费用。从战国到明代，直接利用山险来替代长城的例证，是屡见不鲜的。

自战国以来，历代修筑长城时都重视对山险的利用。《史记》中称秦始皇“筑长城，因地形，用险制塞”，即证明了这一点。不过由于缺乏有关的数据，尚难以作出确切的说明。明朝在修筑九边边墙时，也充分利用了山险代替长城。明朝李辅在《全辽志》中，很重视山险（又称险山）的作用，在《边防志》中对“山险无墙”有所记载。例如，在绥中县铁厂堡吾名口至锦川营小河口障塞下，记有“山险无墙三千五百六十丈”；在黑庄窠西古路口至椴木冲小红螺山障塞下，记有“险山无墙五千八百六丈”。

在戚继光督修的蓟镇边墙线上，也利用了许多山险代墙。1984—1985 年在北京地区长城航空遥感调查中，清楚地发现了山险代墙的情形。山险的防敌功能与长城墙体相同，故民间多将山险称作山险墙。

3. 凿岩设防

在山区的长城线上，并不是所有的山体都是陡峭的悬崖断壁，有些山体在迎敌的一面平缓，在守军的一面陡峭。出于防敌的军事需要，有时会对山体做一定的人为加工，即凿岩设防。

《史记·匈奴列传》中有“而通直道，自九原至云阳，因边山险堑谿谷可缮者治之，起临洮至辽东万余里”的记载。后世之人常说这是表明哪怕凿山堑谷也要修筑长城的决心。其实并不是这样。司马迁在《秦始皇本纪》中称：“除道，道九原，抵云阳，堑山堙谷，直通之。”可知“因边山险堑谿谷”是指修直道而言，不是指修长城。

明代人尹耕在《九宫私记》中称：“余尝至雁门，抵岢、石，见诸山多有剷削之处，迤逦而来，隐见不常。大约自雁门抵应州，至蔚东山三涧口，诸处亦然。问之父老，则曰古长城也。”尹耕说他亲眼看到凿山筑墙一事应是实情，不过是凿山取石，或是凿山为防，仅凭民间父老之言，恐也难以确定是古长城。

长城镇北台

真正凿岩设防，当作长城墙体的替代，在明代修筑九边边墙时，才明确见于相关史册。《全辽志》中将凿岩设防称为“劈山墙”，如称“自东州起至马根单南界止，劈山墙一道，八千四百九十二丈一尺”；“自中固城定远堡界起，历庆云古城永宁三堡，土墙一道，共六十里。迤北镇夷堡土墙，清阳镇北二堡劈山为墙，共一百一十六里，迤东自威远、靖安、松山三堡至中固城柴河堡界止，劈山为墙，顺长九十五里”。这种“劈山为墙”“劈山墙”，就是凿岩设防的重要方式。

明代延绥巡抚余子俊在修筑榆林镇边墙时，曾大规模地凿山设防。成化七年（1471 年）七月，他在给明宪宗的奏疏中提出：“延、庆边疆山崖高峻，乞役山西、陕西丁夫五万，量给口粮，依山凿削，令壁立如城，高可二丈五尺。山坳、川口，连筑高垣。相度地形，建立墩堠，添兵防守。”成化八年（1472 年）九月，余子俊再次奏疏，提出“相度山界，铲削如墙”的建议，被明宪宗采纳，在成化九年（1473 年）动工修建。后来，余子俊在凿山设防的北侧，再次补修了一道边墙，被称作“大边”，而将凿山设防称作“二边”；由于它距新修的“大边”很近，大体上处于平行走向状态，所以又被称作“夹墙”“夹道”。“大边”是在秦长城、隋长城的基础上加以修筑的，属于夯土墙；“二边”是铲凿山岩作为墙体，是最新修筑的边防，二者有所区别。

因地制材修长城

长城修建工程，在建筑材料的选用和建筑结构设计上，最基本的准则是“就地取材，因材施用”。结构方法有夯土、块石、片石、砖石混合等，在沙漠中还巧妙利用了红柳枝条、芦苇与砂粒层层铺筑的结构，真是巧夺天工，浑然天成。在今甘肃玉门关、阳关和新疆境内，还保存有 2000 多年前西汉时期的这种长城遗迹。

长城的施工过程中，工程工地绵延数千里，施工管理便非常不易。为了方便管理，各个朝代多采取分段包修、各负其责的办法。当时的领导者怎样排除万难作施工前的准备工作，我们现在没有调查到，不过肯定是首先要绘制施工图纸，制定技术和操作规范，让施工者了解设计要求及细部、节点的具体作法，弄清有关技术资料对工程质量的要求，才能确保施工的正常进行。

但是到目前，我们还没有发现这方面的史料或出土文物。

因为长城沿线地理情况各不一样，有高山峻岭，也有沙漠戈壁和黄土高原。为了避免远距离运输，节省人力物力，明朝以前修筑的长城在山区均采用石砌，在平地则都用黄土夯筑。在今内蒙古自治区包头市固阳县北色尔腾山脊上的秦长城，因山上无土，全是岩石，于是就地开采石块垒砌城墙。

明代修筑长城所用的建筑材料除了土石之外，又加上大量的砖、瓦和石灰。这些建筑材料也都是在就近的地方开设石场、窑场，采石和烧制砖、瓦、石灰而成。在北京的八达岭长城，河北秦皇岛、唐山等地的长城下，都发现过当年的采石场遗址和砖窑。

长城区域生态保护

如今，长城区域沙漠化现象越来越严重，水土流失现象逐渐加剧。陕北及宁夏东南境内长约625千米的长城中，有34%的长城全部掩埋于流沙中。沙漠化不仅对当地居民甚至对首都北京的生产、生活都构成了威胁。

究其原因，抛开气候的变迁因素，这和历史上人类在这一地区的大规模活动是紧密相关的。自秦汉到明清，大规模盲目毁林开荒以及战乱对这一带环境的破坏日益加重。

据文献记载，长城所在区域的黄土高原西部属于草原森林地带，“天水、陇西山多林木，民以板为室屋”，森林覆盖率要超过50%。随着秦始皇统一中国，在中国北部迅速修筑了第一条万里长城后，开始在长城以南的草原地带大规模开荒，迁徙民众几万户到河套地区屯垦实边。西汉初年，政府为充实关中和加强北方的防御阵线，再次使秦朝时期的移民实边政策得到大力实施了，垦荒地域甚至达到阴山以北及黄河以西的草原地带。垦荒和屯田虽也带来了一时的效益，但过度的垦荒与屯田，势必造成生态平衡的破坏，导致生态环境恶化。秦和两汉在边郡设置了七八个郡及200余县，人口的大量增加，又致使民众开垦了黄河中游的大部分草原，尤其是大面积的森林破坏，黄土高原受到严重的侵蚀，水土流失现象加重，使黄河支流流水变浊，河水浑黄，到了平坦的下游地区，泥沙淤积。只不过到了东汉后期因为边关战乱不断，导致民不聊生，纷纷南下迁移，这样才使边郡人口得以控制。政府放弃边境已设的郡县，已屯垦的农田在少数民族的生产方式下改为牧场，使秦、两汉屯垦的天然植被逐渐得到恢复，但这种状况并没有持续多久。隋唐时期又加强了北方和河西走廊地区的农垦，大规模地破坏植被，再加上战乱，长城附近的生态环境继续恶化。

据史料记载，内蒙古鄂尔多斯高原上的毛乌素沙漠，秦汉时期还是农田千亩，草原万里的美丽地方，其东南部年平均降水量达400~500毫米，原为森林草原带，土地肥沃。汉武帝时期就曾在这里设郡县屯垦，与河套成为重要的农业区。夏王朝的赫连勃勃更是在这里建立了历史上有名的都城“统万城”。到了隋唐时期，开始进行大规模的军屯和农垦，使沙漠化趋势日益加重。

据《汉书·匈奴传》载，秦汉时的河西走廊松柏茂密，生活在这里的少

统万城遗址

数民族“逐水草迁徙，无城郭常居耕田之业”。河西走廊是古代“丝绸之路”的必由之路。就连罗布泊附近都有汉长城遗址的存在，并设酒泉，张掖、武威、敦煌等郡，目的就是保护这条重要的通道。当时砍伐森林和盲目农垦引起的植被破坏，尽管导致河西走廊一部分地区沙漠化，但整个河西走廊地区的生态环境还比较好，只是到了唐代对河西走廊地区更加无节制的开垦荒地，设凉、甘、肃、瓜、沙诸州，并都很繁华，其凉州更是“七里十万家”，牧马达30万匹。由于唐朝以后在河西走廊地区大规模砍伐森林，破坏了绿洲的水源涵养地，逐渐使河流由常年流水变季节性洪水，而且泥沙淤积了河床、湖泊、渠道。所有这些皆破坏了绿洲灌溉的基础，使农业迅速衰退。由于植被遭到破坏，风蚀加剧，土地沙化日益严重，最后导致在南北朝建立的莫高窟，到唐代后期逐渐被沙漠所包围。

由于秦汉时期秦汉长城附近生态环境遭到大规模的破坏，尤其是唐宋前后这一地区荒漠化更加严重，而从农牧兼宜演变为只适宜牧业的荒漠草原地带。建筑在能就地屯垦提供军粮而又易守难攻地带上的长城，从明朝起在秦汉长城位置上向东南后退数百千米。

明长城建成以后，在长城区域生活的先民们对生态的破坏日益加剧。

内蒙古南部鄂尔多斯高原，即黄河河套地区，在明建立之初，这里多为水草丰美的腴田沃土。《明史纪事本末》记述：“河套周围三面阻黄河，土肥绕，可耕桑。密迩陕西榆林堡，东至山西偏头关，西至宁夏，东西可二千里，南至边墙，北至黄河，远者八九百里，近者二三百里。”境内山中长有柏林、松树、檀香树和各种茂盛的花草。明代中叶以后，由于大量的移民迁徙于此，耕垦面积日益扩大，建材和薪炭需求有增无减，森林草原植被受到破坏，局部地区已显现出土壤沙化的势头，后因政治腐败，屯垦军民大多逃亡，垦田废弃，沙漠化日益明显加重。早已逼近长城的毛乌素沙漠乘机肆虐，到嘉靖年间，鄂尔多斯南缘边墙一带在流沙的侵袭下，已是“四望黄沙，不产五谷”了。可是流沙并没有就此善罢甘休，反而继续向南蚕食，湮没了陕西榆林附近的大片土地，“陕西榆林镇东西延袤一千五百里，其间筑有边墙堪护耕作者仅十之三四……其镇城一望黄沙，弥漫天际，寸草不生。猝遇大风，即有一二可耕之地，曾不终朝，尽为沙碛，疆界茫然”。

隆庆、万历之际，毛乌素沙漠竟穿越长城屏障，向南延伸；万历末年新修的长城更是大部分被沙漠所覆盖，长城尚且遭此灭顶之灾，原野耕地更是摧毁殆尽。

造成这种现象的原因与明朝错误的治边之策不无关系。如明初朱元璋“用宋讷所献守边策，立法分屯，布到边徼”，以后规模日益扩大，竟至山之悬壁无尺寸不垦的地步。北方九边的土地资源遭到大面积的破坏，植被垦辟殆尽，土壤肥力枯竭，因而常引起大面积沙化。其中，陕甘宁长城沿线处于黄土高原与戈壁沙漠的过渡区域，大多地方只有草丛与灌勉强得以生长，加上降雨减少，生态环境极为脆弱，一旦破坏，想要恢复，那几乎是不可能的。由于就地起沙和沙漠南段的叠加作用，这里便成了沙漠化的重灾区。而原本森林植被良好的地段也未能幸免，如嘉靖以前“山西沿边一带树木最多，大者合抱干云，小者密如栉”，是一道很好的防沙林带。自

秦长城

明代中叶以后，因军民屯垦，官私采伐贩卖和朝廷在边界地带实行的烧荒政策，森林资源损失惨重，流沙侵袭实难避免了。例如，黄土高原地段自宁武关以西，南至离石，原在岢岚、河曲、保德、五寨、偏关等地曾有成片森林，尽数毁于明代屯田。嘉靖年间这里成片的森林被开成了坡耕田土，以后这里又迅速退化为丘陵沟壑区，至今仍为黄河中下游水土流失最为严重的地段。

辽金之际，燕山一带的森林尽管遭受砍伐破坏，但主要还是在低山区丘陵区及山麓与平原的交汇地带，广大的深山区还保留比较多的森林，如南宋的《地理图》中，在燕山及冀北山地等许多地方，都绘有树林标志。直至明代成化年间，“自偏关、雁门、紫荆，历居庸、潮河川、喜峰口，直至山海关一带，延袤数千余里，山势高险，林木茂密，人马不通，实为第三藩篱”。后戍守之军于边墙附近烧荒，“每年大放军士，伐木两次”“四山尽烧，防有伏者”，近边诸地，经明嘉靖胡守中斩伐，辽元以来古松略尽。到隆庆时，这片原始森林的“千里古松”已被砍被焚得消亡殆尽。从此这一地区增加了诸多忧患，湖泊泉水日趋枯竭，水质下降，连野生动物也大量减少或绝迹。

清朝末年，清政府又以“借地养民”和“移民实边”等名义大肆开垦长城沿线的荒地草原。由于进一步破坏植被，使得长城中段沿线沙漠化，甚至明长城以南也产生了大面积沙漠。

总之，历朝历代在长城附近大面积砍伐森林、开垦草原，以及战乱是造成长城区域生态恶化的主要因素，这个教训对今后研究长城区域生态的状况，对于长城保护和生态保护都是有利的。

修长城的主要力量

长城是世界上有史以来最庞大的建筑，为它的修筑，中国人不知付出了多少辛勤的劳动、血汗甚至生命的代价。为了减少北方少数民族匈奴的威胁，秦始皇登基后，在公元前215年派大将蒙恬以30万大军北击匈奴。据文献记载，秦统治者为修筑长城而大兴徭役，当时参加筑长城的军队约 40 万人，还征发 50 万民夫参与直接修建或作后勤保障，总人数近百万人，工程持续长达 5 年时间。当时秦朝约有 2000 万人口，20 个人中就有一个人参与了这项修筑工程，可见其工程之巨。

在修筑长城的劳动大军中，数量最多的是贫苦的农民。

统治者为了保证有充足的劳动力修建长城，寻找各种借口延长服役时间，制定种种“法外之徭”，迫使农民服“过期之徭”，并借灾荒大量向长城移民。西汉王朝在公元前 120—前 119 年就向长城沿线移民 140 万人之多，这些移民被政府以军事编制组织起来，还委派各级官员领导，他们不仅从事屯田，还要参加长城的守卫和修筑。

以后历代修筑长城，也都大量地征发贫苦农民。如公元 446 年，北魏政权征发司、冀、幽、定 4 个州的 10 万农民修筑东起上谷西至黄河 500 千米的长城；公元 555 年，北齐政权征发 180 万农民修筑从幽州夏口西至恒州 450 千米的长城；隋王朝自公元 585—608 年的 23 年中，仅据有记载的数字统计，先后就征发 160 万农民修筑长城。

修筑长城劳动力的另一个重要来源是犯有各种“罪行”的“囚犯”。

在中国古代的法律中，有一种特殊的处罚，就是服修筑长城的苦役。在秦、汉时代把服苦役的男子称为“城旦”，女子称“城旦舂”。城旦与舂是性质相同的徒刑，因男女有别而工种不同，因而称呼有异。《汉旧仪》称：“城旦者，治城也；女为舂，舂者，治米也，皆作五岁。完，四岁。”《汉书·惠帝纪》注引应语云：“城旦者，旦起行治城；舂者，妇人不豫外摇，但舂作米，皆四岁刑也。”无论是城旦还是舂，都是服苦役，即男子运土筑城，女子舂米作饭。

知识链接

秦代的“赭衣塞路，囹圄成市”的诠释

秦代的法律极为残酷，实行“轻罪重罚”的量刑原则。结果使囚犯多到全国“赭衣（秦汉时囚犯穿赭色衣服）塞路，囹圄成市”的地步，全国成了一个大监狱。这些囚徒都被罚作苦役，仅修筑秦始皇墓就动用了70万囚犯。被判为“城旦”修筑长城的囚犯也为数不少。

在秦始皇焚书坑儒的事件中，那些在焚书令下达后30天内不焚书的书生也被判罪去修筑长城。公元前213年，秦始皇下令把那些不按律法办案的官吏也送去修筑长城。按照秦代律法规定，身高满6尺（相当于现在的1.38米）才能判刑；如果抓到的犯人不满6尺，就把他关在监狱内，等到他长够6尺以后，再判为“城旦”去服修长城的苦役。

汉朝基本继承了秦律。1983年，湖北江陵张家山5座汉墓出土竹简2787枚，内容包括《二年律令》《奏谳书》《盖庐》《脉书》《引书》《算数书》《日书》、历谱、遣册等，内涵十分丰富，涉及西汉早期的律令、司法诉讼、医学、导引、数学、军事理论等方面内容，对于研究西汉社会状况和科学技术的发达情形具有重要的价值。

在修筑长城的劳动大军中，除了农民、囚犯之外，还有一支主力军，那就是军队。

在明代，修长城的劳动力主要是军队。《明史》曰：“免死充军者，谓之‘恩军’。”充军分为终身充军和永远充军两种，被判为“终身充军”的罪犯，只是罪犯本人终身在修筑或守卫长城的军队中服役；被判为“永远充军”的，

边远寒塞

则不仅是罪犯本人，而且是子子孙孙都要在长城服役。

秦王朝蒙恬所率领的反击匈奴的30万大军，在打退匈奴之后，就被原地留下修筑长城。秦、汉两代实行征兵制，被征发戍守长城的军队，都负有守卫和修筑长城的任务。汉代戍守长城的军队，已多达百万之众。

明代初期，主要是由守卫长城各卫所的常备军加上征发的少量民夫、工匠，年复一年地修筑长城。自明朝中期以后，就连内地调来轮流守卫长城的“班军”也都沦为修筑长城的主要劳动力。

第二节 长城的基本构成

长城的美是一种崇高的壮美，雄伟、刚强、宏大、粗犷。它所体现的是“天行健，君子以自强不息”的精神内涵，是中国人追求和平并勇于开拓进取的精神，传达出一种深沉而又厚重的民族感情。长城，以博大精深的中国文化为依托，建筑成就独特而伟大，深刻地体现了中国人民的大智大勇，是中国人民的骄傲。

长城墙体的种类

长城本体及附属设施所用的建筑材料，按其性质来说有泥土、石头、植物、烧砖四大类。此外，还有土坯（墼）、土石、土草、石草、砖石等若干小类，其实是上述泥土、石头、植物、烧砖的变种或亚种，具有复合材料的特点。在建筑施工过程中，还需要有黏合剂。最初的黏合剂为泥浆，后来出现了以石灰（又称大灰、烧灰）为原料的灰浆和以石灰、粉沙、黏土混合而成的三合土。黏合剂虽属辅助性建筑材料，然而随着建筑技术的进步，显得越来越重要。

如何将众多的建筑材料加工组合成长城墙体和附属设施，属于长城的建筑技术方法。它是认识长城、研究长城的一个重要方面，不可或缺。

1. 土长城

泥土是古代最常用的建筑材料。泥土资源丰富，在平原地区随处可见，取之方便，成本低廉，用途广泛。举凡长城墙体、城堡、烽燧等建筑物，均可以用泥土垒筑。有些山区也不乏泥土，因此，山区的长城墙体、城堡、烽燧，有一部分也是用泥土打造。

将泥土加工成建筑物墙体，主要有三种方法：一是夯筑，二是堆筑，三是坯（墼）筑。

2. 石墙城体

石头是较丰富的自然资源之一，其分布范围十分广泛。石头易于开采利用，成本低廉，再加上其质地坚硬，使用寿命长久，故而成为古今中外著名的建筑材料。长城属于军事建筑工程，必须坚固耐用，石头自然成为最理想的建筑材料。

我国将石头用于构筑墙体起源很早，在史前时期就已经出现了。内蒙古中南部和东南部地区遗留下来的众多的石城，便是有力的证明。

在内蒙古中南部包头、凉城、准噶尔、清水河等市县境内，发现了 10 余处石城聚落遗址，其中以岱海西南凉城县老虎山石城最有代表性。石城墙可见者，累计长度为 12500 米，为聚落的围墙。石墙的基础，铺以经过砸实的黄土，厚 1.4 ~ 1.9 米，宽 5 米。在此黄土基础以上，采用大小不同的石头错缝垒砌，内填碎石或黄泥。石墙宽 0.8 ~ 1 米，残存最高处为 1.2 米。墙基比墙体宽近 1 倍多，且经砸实，显然是为了防止因地面下沉而引起石墙倾斜坍塌，使墙体经久耐用。石墙墙体外侧平整，内侧不规整，属于民间所称的"单边墙"。凉城县老虎山石城聚落遗址，是迄今已知的最早的石城墙。

内蒙古东南部的石城，据不完全统计有 100 多座，多分布在阴河、英金河沿岸，规格大小不一，保存好坏程度不同。其中以赤峰郊区池家营子石城最有代表性。石墙有的是全部用石头垒砌，有的是石头包边，中间充实泥土。石墙建于生土层之上，生土层未经砸实，也未见基础，与老虎山石城有所不同。石墙体的宽度不一，多为1~5米，最宽6~13米，最窄不足1米。从西山根解剖的一段石墙，基宽1.4米至1.6米，顶宽0.8米，残高2.5米。为了防止石墙体倾倒，在石墙外侧每隔一段距离，便堆积一座半圆形的石堆，犹如后世城墙外侧的马面。内蒙古东南部的石城，属于夏家店下层文化遗址，在时间上晚于凉城县老虎山石城。

内蒙古境内的石城墙体，虽然还很简单，所使用的石头都是未经人为加工的毛石，然而却证明早在3000—4000年以前，古人已经掌握了砌筑石墙的方法，这种方法一直被后世所沿用。在修筑长城的时候，就经常采用这种方法。因此，长城石墙的修建方法，可以追溯到遥远的史前时期。

3. 砖长城

砖（焙烧土砖）墙是长城墙体发展的最高形式，也是最后的形式，只见于明代九镇边墙。此后，长城便完成了它的历史使命，走下了历史舞台。

“砖”字本作“甎”，《集韵》解释是“烧墼也”。墼是土坯，将土坯焙烧

疏勒河古长城

以后，就变成了坚硬的砖。“甎”字又可以写作“塼”，以表明它是以泥土为原料，属于土器。“砖”字是“甎”“塼”的俗字体，以其坚硬如石之故。

烧砖的前身是土坯，今人又有称之为土砖者。土坯用于建筑材料，大概以陕西岐山县凤雏遗址为最早。将土坯大量应用于建筑上，以四川成都羊子山祭坛为代表。祭坛的围墙是用土坯砌筑，大约共用了133万块。土坯模制，长65厘米，宽36厘米，厚10厘米。羊子山祭坛，属于春秋时期；岐山县凤雏，属于先周遗址。由此可知，土坯的使用持续了很长时间。土坯的形态似后世的烧砖，由于未经焙烧，还不能算作砖，也不宜称作土砖，以免造成混淆。土坯只是烧砖的前身而已。

4. 草长城

在西北干旱区，例如河西走廊最西部敦煌县境内，遍地多是戈壁沙漠，既缺乏石头又缺乏土源，然而出于军事防御的需要，必须修筑长城。在缺石、缺土的条件下，人们创造了一种奇妙的方法，即以河边盛长的芦苇、红柳夹上粗砂、砾石构筑长城墙体，其外观有如草垛，故被称作草墙，当地民间又俗称作芦苇长城、红柳长城。

草长城主要见于疏勒河沿岸的汉长城。疏勒河古称籍端水，发源于祁连山南之疏勒山沙果林那木吉木岭，以冰川雪水为源，全长637千米。其上游支流有昌马河，下游支流有党河。古代疏勒河水量甚为丰沛，沿河形成了冥泽、哈喇淖尔，现在均已干涸，哈喇淖尔残迹被称作波罗湖。

疏勒河以北有马鬃山，主峰海拔2079米，南有祁连山，主峰海拔5934米。疏勒河沿岸属于准平原化的基岩戈壁，遍地皆为粗砂、砾石。由于疏勒河古代河道宽阔，沿岸形成了许多沼泽，芦苇、红柳、芨芨草（古称白草）生长非常繁茂。这种自然条件决定了难以修筑土长城、石长城，于是，草长城便应运而生。

敌台、墙台

在明代长城上，根据地形地势隔不远就设置一个敌台，也叫敌楼。一般是在高出城墙之上用砖砌成的方形墩台，2～3层不等，四面的垛墙上均开有垛口。敌台上面，中间修有船形小屋，名曰楼橹。敌台和楼橹里面，可以驻兵以避风雨，也可存粮和储藏武器，以备不时之需。敌台是明代抗倭名将戚继光于16世纪后半期创建的。《明史·戚继光列传》载，戚继光建议“令戍卒画地受工，先建千二百座”。这1200座敌台只是山海关至北京居庸关一段，如果把万余里长城上的敌台数目加起来，那数量是相当可观的。

墙台，是突出于城墙之外的台子，上小下大，略似马脸，所以又叫马面。墙台的外侧和左右两侧，砌有垛口，台上建有房屋，称为铺房。铺房使“兵夫得以安身，火器得蔽风雨”。墙台的防御作用是很大的，因“城墙正面不便俯视，恐其矢弹正面对攻，不敢眺望”。如果敌人进逼城下，城上将士若探身伸头射杀敌人，也容易遭受对方射击。若有了突出城墙的城台，进逼城墙脚下的登城者，就会遭到左右城台上的射击，而使登城无法进行，所以墙台距离一般均在两个城台能够控制的射程之内。

长城上的敌台和墙台，只能容纳很少的兵士，平时只是起到站岗放哨、遮风避雨的作用。真正有紧急情况，临时从远处调兵遣将恐难解燃眉之急，因此，在长城内侧沿线还建有许多城堡，实际上就是兵营。这些城堡根据此段长城的位置重要与否而有大小之分，但都建在长城附近，与长城构成犄角之势，一旦有急，招之即来。另外，长城沿线还筑有许多烽火台（明代也称烟墩），所以常有“五里一墩，十里一堡”的说法。烽火台是报警的通信设施，城堡是屯兵以备战之用。

在长城线上，有许多重要的关口，有的在两山之间，如嘉峪关；有的在山河或山海之间，如山海关。因此，分别被称为关山、关河、关津、关塞、关隘和关口等。这些关口，平时是长城线上进出的通道，战时则是进攻和防守的重点，古代许多著名战役就发生在这里。明代还在这控扼长城通道的地方修了许多关城。这些关城是和扼守长城的关口连在一起的，因此修筑得特别坚固，设计也特别周密。

关城

在长城墙体上，必须留下可以出入车马的豁口。出于安全的考虑，城墙上的豁口不只设有城门，通常要建筑一座具有各种军防设施的城堡，这种城堡被称作关或关城。关或关城，是在修筑墙体时一同构建的，其规模的大小视其重要性而定。关城的城门，要按时打开和关闭，以便于行人和车马的出入。

通常关、关城要有严格的管理制度，必须持有证件方可以出入。唐代出入关的证件称作“过所”，是盖有官印的凭证。官方使节出入，要有文书为证，守关者验证放行。按照古代的习惯，塞上之门、界上之门称作关，今日管理进出口货物之场所称海关，仍承继了这种说法。古代对关的管理非常严格，设有重兵把守，汉代的阳关、玉门关都是以此得名。史载汉武帝时李广利伐大宛损失惨重，欲回玉门关休养补充人马，“天子闻之大怒，使使遮玉门关，曰：军有敢入，斩之”，由此可知关守之重要。

城门是城防中的薄弱环节，为了保证城防的安全，常常在城门处设立瓮城或小城以护卫之，小城又被称作罗城。例如明代居庸关就是一座小城，居庸外镇八达岭建有瓮城。山海关城设有东罗城、西罗城，嘉峪关西城门外有罗城。

关城多建在交通要冲处，便于控制交通往来，防止敌人侵入。齐长城上设有许多关隘，此后历代长城线上也都设有关城，其中以明代长城最多。

城垛、马面、暖铺

城墙墙体的外部，每隔一段距离便要修筑一个平台，可以站立守城的士兵，射击冲到城墙墙根底下的敌人。骑兵运动的速度很快，须臾即可到达城下。这时，站在大城城墙上的士兵，从正面射击即发生了困难，出现了军事死角。如果站在侧面城墙上射击，便可以消灭军事死角，有效地打击敌人。于是，在城墙墙体之外，每隔一定间距构造一个平台，便于从侧面射击敌人，每两个相邻平台的间距，应当在弓箭的有效射程之内。

这种突出于墙体以外的平台，最早见于魏晋时代的洛阳城，当时尚无固定的名称，今日的考古学家称之为城垛。在汉语中，建筑物突出部被称作垛或朵。段玉裁《说文解字注》称："朵者，木下垂门堂，伸出于门之前后，略取其意。后代有朵殿，今俗谓门两边伸出小墙曰垛头，其遗语也。"以此之故，考古报告称之为城垛。

城垛是今人所起的名字，实际上城垛即马面，马面即马首，以其突出于墙体之外，有如马首之故也。马面出现很早，不过到了宋代才见于史籍记载。宋朝人沈括在《梦溪笔谈》中记载说："赫连城不甚厚，但马面极长且密，予使人步之，马面皆长四丈，相去六七丈，以为马面密则城不需太厚，人力难兼也。"沈括所记的赫连城，即赫连勃勃所筑的统万城，在今陕西靖边县红墩乡，俗称白城子，故址犹存。宋朝人陈规在《守城录》中记载说："马面，旧制六十步立一座，跳出城外，不减二丈，阔狭随地利不定，两边直觑城角，其上皆有楼子，所闸木植甚多。"陈规所称"跳出城外"，即伸出城外，马面上的楼子即城楼。到了明代，杨一清提出，宁夏河东边墙敌台上要修建暖铺一间，"敌台九百间，暖铺九百间，每间用五人守之"。杨一清所称的敌台，实即马面；所谓的暖铺，应是在马面上修筑的遮风避雨的设施。

烽火台

烽火台也称作烽燧、烽堠、烽台、烟墩、墩台、狼烟台、亭、燧，等等。汉代称作亭、燧，有时亭燧并称，唐宋称作烽台，明朝称作烟墩、墩台等。烽火台是利用烽火、烟气以传递军情的建筑。如遇有敌情，白天燃烟，夜间放火。烽火台是一个独立的高台子，台子上有守望房屋和燃烟放火的设备，台子下面有士卒居住守卫的房屋和羊马圈、仓房等建筑。台子的建筑材料和结构与长城一样，有用土夯的，有用石块砌的，也有用砖石合砌的。烽火台的位置大约有四种：一是在长城的两侧，紧靠长城；二是在长城以外向远处伸展的烽火台；三是在长城以内向王朝首都联系的烽火台；四是与相邻的郡县、关隘、军事辖区“镇”相联系的烽火台，大约每5千米，选择易于互相瞭望的高岗、丘阜之上建立。

汉朝的烽火台在台子上竖立一个高架子，上面挂着一个笼子，笼子内装着干柴枯草，如果发现敌人来犯，夜间放火叫作“烽”。在台子上还堆放许多燃烟的柴草，白天燃烟，叫作“燧”。所以叫作烽燧。“烽燧”或“亭燧”的制度，除了文献记载外，自从在敦煌、居延的烽燧遗址中发现汉简之后，已经比较清楚了。烽燧自秦汉以后即与长城密切结为一体，构成了长城防御系统的基层组织。相传1000多年，在我国古代军事史上占有重要地位。

我国历史文献上记载烽燧情况较详，如宋代曾公亮等《武经总要》所引

烽火台

唐朝的烽式制度，大要分为烽燧的设置、烽燧的组织、烽火的种类、放烽火的程序、放烽火的方法、烽火报警的规律、传警、密号、更番法等九类。这些烽式制度大都从汉代烽燧制度中相沿而下，并逐步加以丰富而成的。

唐代杜佑《通典·拒守法》上也详细记载了烽火台的建筑结构情况。

明代的烟墩燃烟放火制度大体相同，但又有所改进。除了放烽、烟之外，还加上放炮，点火放烟时还加上硫黄、硝石等助燃，传递军情更加快速和准确了。

长城的警报和通讯系统

警报、通讯系统是长城防御体系的重要组成部分。它负责发出敌情警报，传递军事文件，沟通各种防御设施之间及其与指挥机关的联络。

早在公元前 8 世纪，古代就已经有了警报、通讯系统。《史记·周本纪》记载："褒姒不好笑，幽王欲其笑，万方，故不笑。幽王为烽燧大鼓，有寇至则举烽火。诸侯悉至，至而无寇，褒姒乃大笑。幽王说（悦）之，为数举烽火。其后不信，诸侯益亦不至。"这件事发生在公元前 781—前 771 年间。这就是著名的周幽王"烽火戏诸侯"的故事。

《史记》在记述这个事件时，记载了当时是用烽火和鼓声作为警报和联络信号。

1. 绝密的信号

在战国时期，中原地区的许多诸侯国都修建了长城，也把烽火和鼓声作为警报和联络信号，而且有了进一步的发展，除了火光和鼓声以外又增加了旗帜。

《墨子·旗帜》中有守城时如何发警报和联络的详细记载。白天，用鼓声和旗帜发警报和联络信号；夜间，则用鼓声和烽火作为警报和联络信号。

当时对守城的警报和联络信号的规定是：当敌人攻到城外护城河以外时，城上的守军应该敲三遍鼓，竖一面旗；敌人攻到护城河水中，敲四遍鼓，举两面旗；敌人攻到城外的前沿防线，敲五遍鼓，竖三面旗；敌人攻到外城，敲七遍鼓，举五面旗；敌人攻到内城，敲八遍鼓，竖六面旗；敌人爬上城墙，就不停地敲鼓。

在夜里就把举旗换成举火。守卫边防的士卒也是白天用不同数目的旗帜和鼓声警报传递联络信号，夜间也把旗帜换成烽火。

为了保证准确、及时和有条不紊，郡府和都尉府都制定有适合本郡或本都尉府防区使用的《烽火品约》。敦煌和居延地区出土的汉简中都发现过这类简册文件。

2. 汉长城烽火台建制

汉代长城烽火台的数量比前代要多，相距2～5千米即有一座。在敌情较多、地形复杂或军事要塞附近还要密一些，500米或1～2千米就建一座烽火台，一般都是用土坯砌筑或黄土夯筑。在山区，有石砌的烽火台，高度多在5～10米。

烽火台周围还有不少附属设施。有的烽火台周围建了住房、仓库、马圈、院墙等建筑物，院内还挖有水井等生活设施，有的则比较简单，只在烽火台上建一个没有顶的小房，供瞭望的士兵站在里面，很像后代岗楼。

还有一些烽火台周围和顶部没有任何建筑物，上下烽火台也没有台阶，这些烽火台上悬挂有用草绳或麻绳编的软梯供人上下。这种烽火台可能是供游动瞭望哨瞭望敌情用，平时没有固定的人在上面瞭望。

那些有房屋等建筑物的烽火台，一般住戍卒3～29人。每座烽火台有一个燧长。这些士卒的任务包括：瞭望敌情，在长城沿线巡逻，放敌情警报和联络信号，送军情报告，维修烽火台和制造各种烽火用具，以及对入侵的敌人和盗贼进行防御。

3. 汉朝的六种烽火语言

汉朝的信号一般有六种，即积薪、苣火、烽、表、烟、鼓。白天举烽、表、烟；夜间举苣火；积薪和鼓在白天、夜间都可以用。

狼烟

积薪即是柴堆，主要用灌木柴或芦苇秆堆成。积薪按规定有大小两种，每座烽火台配备的数目不相同，少则四五堆，多则十几堆。它们放置的位置有严格的规定。如果积薪放的位置、堆的大小不符合规定都要重新堆，如果已经使用或损坏，必须立即更换新的。因此砍柴割苇是戍卒们一项十分繁重的劳役。

苣火，就是火炬，是用芦苇或芨芨草（芨芨草是中国西北生长的一种草本植物，可以长得很长而且很坚韧）扎成。在汉简中记载：有大苣、小苣等许多种类，发现的实物中有长达近 2 米的火炬，也有短至 10 厘米的火炬。

烟是白天使用的信号，在烽火台上专门有一个烟灶，用来生烟，汉代主要是烧柴草、牛粪、马粪之类。

鼓也是必备的警报用具，当阴天或有雾、下雨，不能点火或看不见烟时，就用鼓来警报和通讯，那时，把鼓连续敲若干次称为一“通”，根据每“通”敲的次数和敲的“通”数就可以知道敌情。

烽的形状类似中国古代吸取井水的桔槔，俗称吊杆。它有一个立柱，立柱顶端装一根可以上下转动的横木，横木一端系一根绳子，另一端吊一个笼筐。这种设备称为烽架，有两种用法，一种是用红布或白布（或帛）包在笼子的外面，不同的敌情吊起不同颜色的笼筐。这种烽称为“不燃之烽”。另一种用法是把笼筐内放入苣，点燃后吊起来，这就是烽火。汉代规定，一座烽火台至少设三个烽火架，由于它们放的位置不同又有不同的名称，如亭上烽（安在烽火台顶部）、地烽（安在烽火台附近的平地上）等。

此外，还有用不同颜色的布或帛作的类似旗帜的“表”，在白天升不同颜色的表可以表示不同的信号。

关塞隘口

在古代文献记载和诗词描述中经常可以看到有“关山”“关河”“关津”等，关总是与山、河、海等自然地势相结合。有时把塞、隘、口并称为“关塞”“关隘”“关口”，可知关、塞、隘、口之间的密切联系。“关”这一字原来指的是门上的闩，用来关闭门户之物，也作关闭讲。“塞”，是堵塞之物。“隘”，是狭窄之处。“口”，是出入的通路。有时称作“隘口”，意思是狭窄的通道。古时各地都有许多关塞隘口，各个诸侯国家以及各个地方政权或是割据势力把它们作为防御的要地。

长城的关、塞、隘、口非常之多，是长城防守的重点，也是平时出入长城的要道。《淮南子》上说，“天下九塞，居庸居其一”，可见塞是不少的。凡是险要地带、敌人经常入侵的地方，都要筑城、设险以堵塞其进入，所以称作塞。塞比城的范围还要大些。如秦始皇“西北斥匈奴，自榆中并河以东，属之阴山，以为三十四县，城河上为塞”就是在黄河岸筑城以为防御，这里的城不是单独的一个城而是指一系列的城及长城。《水经注》描述说：“长城之际，连山刺天，其山中断。两岸双阙，善能云举，望若阙焉。即状表目，即有高阙之名。”山谷长六七公里，山口较狭，在其北口有长城和烽燧遗址，南口也有烽燧遗址。这与居庸关关沟的设险情况相同，即以隘谷通道立关置塞，在隘谷外侧（北口）筑长城，里侧南口设烽燧关城。这正是长城关塞布局的一般原则。

第四章

长城文化与长城胜景

万里长城是中国古代各族劳动人民创造的伟大奇迹，是中华民族勤劳、智慧、坚强不屈精神的象征，也是世界文明的瑰宝。长城是中国古代统治者为维护其政权的利益，而构筑的永久性防御工事，它完全是军事斗争的产物。在漫长的岁月中，长城实际上已不仅仅是以防御工事存在，长城对政治、经济、科学技术发展、民族交融、文化交流、交通诸方面产生过很大的影响。

第一节 有趣的长城文化

长城的别称

不同时期的长城，作用和意义不尽相同，就连名称也都不一样。

各时期长城的修筑基本上都有文献记载。各朝各代在修筑长城和记载长城时，所使用的名称有多种形式。这些不同的名称，有的在同一历史时期互相通用，有的仅在某个历史时期或某个地域用过。

长城，这是最通用的称谓，从春秋时期的齐长城开始一直到今天依然沿用此称之谓。《管子·轻重篇》中有“长城之阳鲁也，长城之阴齐也”。《史记·楚世家》载：“齐宣王乘山岭之上，筑长城，东至海，西至济州，千余里，以备楚。”

方城，把长城建筑叫作方城，只在春秋时楚国用过。《汉书·地理志》载：“叶，楚叶公邑，有长城，号方城。”

堑、城堑、墙堑，这几种称谓基本上互相通用，从战国直到明代几乎全都使用过。《史记·秦本纪》记载了秦简公六年（公元前409年）顺着洛水走向修筑长城，就只用了“堑洛”两字。蒙恬是秦朝的大将也是秦长城修筑的总指挥，秦始皇死后，他被秦二世及宦官赵高、丞相李斯所害，临死之时他感到为自己招来祸端的唯有修筑长城一事，他说：“恬罪固当死矣，起临洮属之辽东，城堑万余里。”《明史·余子俊列传》载：“寇扼于墙堑，散漫不得出。”

壕堑

塞、塞垣、塞围，在史书中用到塞字的地方很多。一般情况有两种意义：一是用来表示关口要隘，这些被叫作塞的关隘，有的就在长城之上；另一个意义是用以表示长城。如《史记·匈奴列传》载：“汉遂取河南地，筑朔方，复缮秦时蒙恬所为塞，因河为固。”《后汉书·乌桓传》载：“秦筑长城，汉起塞垣。”《魏书·世祖纪》载：“七年六月丙戌，发司、幽、定、冀四州十万人，筑畿上塞围。”

长城塞、亭障、障塞，这是把长城与塞并在一起合称长城的一种表示形式。这种称谓在史书中也较为常见，如《晋书·唐彬列传》载：“遂开拓旧境，却地千里，复秦长城塞。”杜佑《通典》载：“密云县东北至长城障塞一百十里。”《史记·蒙恬列传》中载：“行观蒙恬所为秦筑长城亭障。”

壕堑、界壕，壕堑是长城建筑的一种形式，大多指的是在不容易修筑墙体的地方，挖有深广各若干丈的深沟，并把所挖的大量泥土堆积在沟的一侧，其防御作用同修筑墙体是一致的。界壕则是金代长城的专用词，除金之外，基本没有使用界壕一词来表示长城的。金朝为了阻止蒙古族对其进攻，就在和蒙古交界的地方挖掘很深的壕沟，所以称之为界壕，如“入泰州婆卢所浚界壕”。金界壕是包括边堡、烽燧在内各种形式构成的长城防御体系。

边墙、边垣，把长城称作边，主要见于明朝。中国古代多将中原各地与东北、华北、西北、西南等少数民族聚居地之间的地域，称为边地，明代则将在这一地域修筑的长城，叫作边墙或边垣。

长城：中华文明的象征

长城既有浓烈的民族特性，又深深地植根于人类追求真善美的共性厚土之中，具有令人向往和陶醉的魅力，它作为一种承载着人类文明价值的坐标而存在。

然而，更为重要的是，长城的存在还彰显了中华民族由分离走向聚合的民族融合史。周王朝分崩离析之后，春秋五霸、战国七雄并起而逐鹿中原，各国纷纷在自己的边疆修筑起阻挡邻国入侵的高大城墙，史称“互防长城”。随着秦始皇统一中国，大量互防长城被废弃不用，或被拆除。秦始皇为了其金汤永固的帝王之位，开始在北部边疆修筑更为巨大的防御工事建筑，史称“拒胡长城”。从“互防”到“拒胡”，中华民族的统一史被演绎得淋漓尽致。长城的踪影从此遍布中国大江南北。

长城，以其巍巍雄姿毅然挺立在天地之间，自古就被视为中华民族精神的象征。

从长城长达2000多年的修筑历史来看，它首先体现的是中华民族的民族毅力和不怕牺牲的精神。这种民族毅力表现在坚持不懈、坚韧不拔地对长城的持续修建之中。穿戈壁、走大漠，无论地质如何险恶，地貌怎样复杂，长城的修筑者们始终没有望而却步和低头屈服。长城深入西部荒漠，守卫的依然是华夏领土。戍边的战士们在长城上为了祖国的统一和安全，前仆后继，付出了不知多少生命和血汗。长城凝聚着孟姜女的泪、无数戍边战士的血、一代代抗敌英雄们的生命，也凝聚着中华民族的智慧与精神。

长城的象征意义是在中国人民的不断抗争中实现的，它体现的是中华民族无畏大勇的精神。同时，也体现了建筑军事防御的伟大智慧。时至今日，虽然长城的军事实用功能已经不复存在，可是作为建筑美学上的典范却长久地保存了下来，在审美层次上成为中华民族智勇双全的象征，具有重要而丰富的审美价值。

雄伟的关城，蜿蜒曲折的城墙，挺立峭拔的城楼、角楼和敌台，孤绝独出的烽火台，它们所构成的点、线、面结合的神奇构图转化成了美的韵律。长城逶迤上下，把自然原本存在的美的节奏旋律明显地彰显出来。有人评论说：“长城宛如神奇的巨笔在中国大地上一笔挥就的气势磅礴的草书。城上的敌楼就是这草书中的顿挫，雄关就是这草书的转折，众多亭障则是这草书中错落的散点，形成一幅结构完整的艺术巨作，是真正的‘大地艺术’。”

长城防守武器

明代长城上的防守武器种类繁多，既有冷兵器，又有热兵器。现将当时最常见的武器简单介绍于此。

1. 冷兵器

冷兵器属于最原始的武器，持续的时间比较长。

（1）礌石。

礌石又称雷石，在明代的文献中多称作河光石，是从河流中拾取的砾石，由于石头表面光滑，故称作河光石。

河光石有大小两种不同的规格，大者每块重 50 斤上下，每个空心敌台要准备 400 块，有敌人冲到城墙下，则通过垛墙下面的雷石孔抛出去，以砸伤砸死敌人。小块的河光石是以能够手抛出去为准，每个空心敌台要准备 4000 块，士兵从垛口处抛出，以打击敌人。一般的墩台（马面）也要准备河光石若干，垛口附近也备有河光石。

河光石属于最廉价的武器，数量越多越好。至今在某些长城上下，尚可以见到未抛出和已抛出的河光石。

（2）弓箭。

弓箭也是比较原始的武器，明代守城常用的武器。明代教练军士的要求是："骑卒必善驰射枪刀，步卒必善弓弩枪。射以十二矢之半，远可到，近可中为程。远可到，将弁百六十步，军士百二十步；近可中，五十步。"

不过人臂射出的弓箭，射程毕竟有限。因此，明代火箭甚为盛行。蓟镇每一空心敌台准备火箭 500 支，将纸炮绑在箭杆上，火燃纸炮发射出去，其射程远，射击力强。

除此以外，城墙上面还要准备铁闩、铁锤、铁锥等物，当敌人冲到城垛口时，可以用来打击敌人。

2. 热兵器

所谓热兵器，是指用火药燃烧所产生的动力作用，去杀伤敌人。明代火药已广泛地应用到武器上，出现了许多火器。

（1）火铳。

中国元代开始使用火铳，是一种管状的火器，由前膛、药室和尾銎三部分组成。药室装火药，前膛装子弹，当火药燃烧以后，其所产生的动力可以将子弹喷射出去，打击敌人。火铳体积小，可以手持尾銎上装置的木柄发射。

火铳最初由铜铸造，又称之为铜火铳，其中以黑龙江阿城市半拉城1970年出土的铜火铳最有代表性。

到了明代，更多地采用了铁火铳，其构造大体相似，在明代抚宁县板厂峪蓟镇长城附近有发现。这里有明代的炼铁炉，铁火铳应是在当地制造的。铁产量要比铜产量高，又比铜便宜而结实。火铳属于最原始的前膛枪，是今日前膛枪的雏形。

（2）石雷。

石雷属于爆炸武器，将岩石凿成圆柱形，鼓腹，凿成空洞作为药室，前有装药口，后有装导火线的芦苇管。将药室装满黑色炸药以后，将装药口用黄泥封死。当敌人来到城下时，即将石雷点燃，投到城下，石雷爆炸炸成许多碎片杀伤敌人。前人多将此物称作石炮，不准确。石雷与今日的地雷、手榴弹性质相同，是以爆炸物本身杀伤敌人，故应将石炮改称石雷。

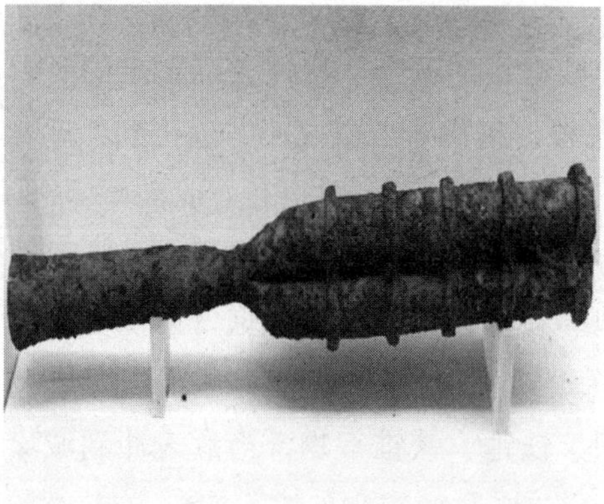

青铜火铳

石雷在北京慕田峪、河北抚宁板厂峪多有发现。慕田峪石雷长26～27厘米，腹径14～16厘米，装药口直径6厘米。为了盛装更多的火药，装药口还加以扩大，使同一石雷具有更大的药室，其爆炸的威力更大一些。石雷的大小和重量，以人的体力可以搬运投掷为原则。

（3）佛郎机炮。

佛郎机炮属于前膛炮，与石雷构造原理不同。明代称葡萄牙为佛郎机国，由于西班牙与葡萄牙相邻，明代人难以区分，故将西班牙也称作佛郎机国。佛郎机炮是蓟镇防守的主要武器，据《四镇三关志》所载，每座空心敌台要设置佛郎机炮 8 架，每面 2 架；每座附墙敌台（马面），要设置佛郎机炮 3 架，每面 1 架。每架佛郎机炮还要配备子铳 4 门，每门子铳要备铅子 30 枚。子铳属于佛郎机炮的附属设施，子铳盛装铅子，可能与今日的子弹盒功能相近。

嘉靖二年（1523 年）佛郎机炮开始传入中国。当年，葡萄牙人入侵广东新会县之西草湾，被打退以后，明军缴获了佛郎机炮。

守城士兵的生活

不管修筑长城还是戍守长城，都是十分艰苦的军事活动，常常伴随有生命的危险。秦代修筑长城，不知夺走了多少人的生命，故而秦代有民谣说：“生男慎勿举，生女哺用脯。不见长城下，尸骨相支柱。”民间传说，被累死的军民，随即被埋入墙体之中，血肉长城的说法即由此而来。孟姜女的故事，真实地反映了广大人民群众对秦始皇修长城的痛恨。

关帝庙

明朝修筑九镇边墙，也给广大军民造成了深重的灾难。在辽宁绥中有一个传说：某一人家拆取长城砖来搭建灶台，结果梦见了许多冤魂前来诉苦讨饭吃。在河北抚宁县有一个故事：16 岁的尚未成年的王小替父从军，来到九门口修筑边墙，监工命令他去背 16 块大砖，结果被累得口吐鲜血而死。又如北山根加工出来的大石条，必须运到南山顶上去修筑城墙，每天都要累死许多人。不管是寒冷的冬天，还是酷暑的夏日，他们都是夜以继日如奴隶般地劳动。

修城士兵的生活极其艰苦。在河北抚宁县板厂峪、北京怀柔慕田峪，都发现了士兵所用的石碾、石磨，士兵劳累之后，还需自己加工粮食，赖以糊口。在砖砌长城墙体上，留有活动砖，打开活动砖，发现洞穴内藏有士兵使用的餐具和工具。餐具多为粗瓷大碗，系在本地烧造，还有木饭勺、木筷子。此外，还有瓦刀、抹泥板等，这是城墙完工以后所留下的遗物，据此可以想象到当时士兵的生活场面。

守卫长城的士兵以主军为骨干，主军是长年戍守长城的士兵，他们训练有素，有作战经验。另外，每年春防、秋防之际，常由其他外地卫所抽调一部分士兵前来增援，称作客军。客军在边防线上定期更换，故又称作班军。主军、客军都是来自军户的职业兵。除此以外，在边郡地区还有“民壮愿自效者”组成的土军。土军“人给布二匹，月粮四斗”，没有月盐。土军是不在军籍的民兵。

戍守长城的主军是不能离开长城的，士兵的家眷，即今日所称的随军家属，居住在离长城不远的村屯中，依靠士兵的月粮、月盐来维持生活。士兵的月粮只有一石，如果人口少的家庭，还可以勉强维持生活，如果上有父母、下有子女的大家庭，那就难以糊口了。故而有些士兵往往因饥饿而死，有些士兵携带家眷逃亡。为了补充兵源，四处追捕逃兵，被称作“勾军”。“正统初，令勾军家丁尽者，给籍；逃军死亡及事故者，或家本军籍，而偶同姓名，里胥挟仇妄报冒解，或已解而赴部声冤者，皆与豁免……嘉靖初，捕亡令愈苛，有株累数十家，勾摄经数十年者，丁口已尽，犹移覆纷纭不已。”由此可知，明代军户存在许多危机，兵源不足，士气不旺，战斗力不强。明朝是中国历史上软弱的朝代，与军事制度有密切的关系。

长城是战场，在长城上刀光剑影，血流成河，哭声震天，这对于士兵的心理来说，会产生深远的影响。为了鼓舞士气，在长城的关隘城堡中，修建了许多关帝庙。例如嘉峪关外城中有关帝庙，并建有高大的牌楼。关帝庙建于明武宗正德元年（1506 年），历代多次维修，庙额题“长城主宰”，由此不难看出关帝庙的用意，是鼓励士兵以关云长的大无畏精神去戍守长城，保卫长城。

在保卫长城的战斗中，士兵死伤都是无法避免的。因此，官兵都祈求神灵保佑。在河北卢龙县桃林口关中，修有观音庙，正殿 3 间，东西配殿各 3 间，主殿观音系银白色的塑像，故当地人称之为白衣观音庙。在群众的观念中，白衣观音是大慈大悲的救世主，在战斗中可以保佑士兵平安无事。因此，士兵们战斗之前都要向白衣观音进香，祈请白衣观音的保佑。此庙经过维修，至今保存完好。

有趣的茶马互市

茶马互市主要指中国古代北部和西北部的少数民族以马匹等牲畜及畜产品，与长城以内的汉族换取茶叶、布帛、铁器等生产、生活必需品的一种比较集中的大规模集市性的贸易活动。

古代长城内外民族间较大规模的贸易往来，最早可追溯至西汉初年对匈奴开放“关市”，继而又有榷场和茶马互市。据记载，“茶马互市”始于唐，盛行于两宋、明、清，长达千余年。这种互市贸易大多由国家所控制，或者在国家政令许可下，由各族群众在指定的地点进行贸易，主要有“官市”“民市”和“私市”。茶马互市的由来是随着饮食文化的演进而出现的。中国是世界上种茶、饮茶最早的国家，从唐代起，饮茶风俗从内地逐渐传入草原畜牧业地区。但在当时，茶叶只是少数民族贵族阶层才能享用到的奢侈品，普通牧民还无缘享受，饮茶之风还没有普遍形成。后来随着时代的发展，饮茶之风逐渐由长城以内传至长城以外，继而茶叶成为长城以外少数民族“日暮不可缺”的日常生活必需品。游牧民族“食肉饮酪，故贵茶”。然而，畜牧业地区是不产茶的，必须通过与内地进行交换购买才能取得。游牧民族与长城以南的汉族进行贸易，只能以牲畜和畜产品来进行交换。其中，名列六畜之首的是马，因为马在古代社会中，既是农耕的主要畜力，又是狩猎、交通、骑射和作战的重要工具。由于马关系着当时国家的生产发展、军备强弱，历代统治者都曾经把易马、征马、养马作为国家的要政之一。茶与马产地各异，两相彼此需求，“故唐宋以来，行以茶易马法”，其实质是中原王朝借助政权之力量，实行的一种赋税加贸易的“以马代赋”和“茶马互市”制度，是政治上控制、经济上剥削各族人民的一种手段，并且又可以取得战马的需求，于是“茶马互市”制度便顺应时代的要求而产生了。

最早在唐开元十九年（731 年），西藏地区的吐蕃王要求与唐互市，唐朝允许茶马互市在赤岭（今青海日月山）开市，从此茶马互市开始了。不过唐代的茶马贸易还是零星的、小规模的，内地与少数民族之间的交换贸易主要还是“绢马互市”，也就是丝绸与马匹的互换贸易。到了宋代，辽、金、夏三个经营畜牧业为主的少数民族政权，长期和宋作战，威胁着长城以南宋王朝的安全，宋便加强了对茶马互市的控制。一方面，从茶叶等生活必需品输出

茶马互市

上制约对方；另一方面，借以取得足够数量的马匹，以加强其军事实力。宋前期在成都、秦川（今甘肃天水）各置榷茶、买马司，派官“入蜀经划买茶，于秦（今甘肃清水县东北）、凤（今陕西凤翔）、熙（今甘肃临洮）、河（今甘肃临夏）博马”，后又“置群牧行司，以往来督察市司者”，其后又改设大提举茶马司，专门掌握用川茶与少数民族交换马匹。元代，也曾“榷成都茶”，并在大都（今北京）和甘肃的陇西设局专卖。但由于元朝自身在蒙古草原上有充足的战马来源，故对茶马互市不如前代重视。明代茶马互市又空前繁荣起来，“东有马市，西有茶市”。明代马市的发展以隆庆和议为界，分为前后两大时期，前一时期是明蒙之间官办的“朝贡优赏贸易”；后一时期马市性质发生变化，朝贡贸易发展为互市贸易，官市过渡到民市，在更大规模的贸易市场上，民间自相往来、互通有无占据了主导地位。隆庆五年（1571年）以后，长城沿线除辽东原有马市外，九边各镇又开设了 11 处马市。其中，在大同有 3 处，即得胜口、新平、守口；在宣府 1 处，即张家口；在山西 1 处，即水泉营；在延绥 1 处，即红山寺堡；在宁夏 3 处，即清水营、中卫、平虏卫；在甘肃 2 处，即洪水扁都口、高沟寨。这些都是每年只开一次的“大市”，属定期定额的贸易往来。此外，还有按月开放的“小市”，属于官府监督之下民间自相往来的“民市”。明代还依前代遗制，逐步加强了“茶法”和“马政”，制定了一套严密的茶马互市制度。政府经常派“茶马御史”到各茶马司巡视，以实现对茶马贸易的垄断。清代初期，茶马互市沿袭明制。但随着清朝在全国范围内统治秩序的建立，社会安定，农牧业经济的发展和民间贸易的兴盛，茶法、马政也开始发生了相应的变化。清朝统一全国后，以往由官方指定的互市形式逐渐被空前广泛的民间自由贸易取代。

茶马互市在历史上对内地与边疆、长城内外、汉族与少数民族、农业区与牧业区的经济交流和发展，一直起着积极的作用。茶马互市是各族人民生产与生活的迫切需要，是统一的多民族国家中各族人民相互联系、相互依存的必然产物，在客观上又起着增进民族和睦、维护社会安定、有利于国家统一的作用。

北方人文与大地的契合

长城属于中华文明精神的物质载体。长城伴随中华民族发展的主要历史，它从东到西横亘半个中国，是中国北方人文与大地完美的契合。

长城在不同的区域条件下与社会人文环境下，作为军事政治和文化的重要标志物横亘在中国的大地上。在广阔的区域内，长城见证了中国北方曲折而复杂的发展史。在这样的区域内，有黄土高原，有山区和丘陵，也有戈壁、沙漠、荒漠地区，还要跨越数不尽的大小河流。中国背对亚欧大陆，面向海洋，三面都有高山、荒漠环绕，处于相对独立的自然环境，这个富庶的地理空间使农耕经济的自给自足得到了极大的满足。尤其是黄河中下游和长江中下游地区，气候适合农业发展，又有广袤的平原和肥沃的冲积土壤，为农业的发展提供了得天独厚的条件。

在漫长的历史时期内，在这个相对独立、安全的地理空间里，任何高度的文明都对高度发达的农耕文明构不成太大的威胁。这种地理条件下产生的农耕经济，以及其发达的文明和文化，对周边的各民族和族群都有相当大的吸引力，形成中原地区得天独厚的内聚力。这种内聚力使华夏文明得以延续和发展，是中华民族多元一体格局形成的重要基础。

这样独特的地理单元也决定了古代的中国，在经济、政治、文明和文化上的相对稳定，基本没有发生较大的民族大迁徙。

由于这样的地理因素，中国古代尽管形成了强大的帝国实力，但并没有像世界上其他的帝国那样，不断寻求向外大规模扩张和迁徙。亚历山大帝国、罗马帝国、拜占庭帝国、奥斯曼帝国，走的都是与中国内敛式发展完全不一样的向外扩张的发展道路。

畜牧业是从原始农业中分离出来的，农耕区的退缩过程给畜牧区的形成与发展提供了便利。距今3000—3500年，畜牧业向东、向南甚至向西开始其扩展之路，农耕区在相应方向的退缩始终与之脱不了干系，这样的退缩过程一直延续到战国时期。

战国时期燕、赵这两个大的诸侯国，利用强有力的军事手段把游牧民族全部驱赶到农牧交错带以北的地方。修筑长城对其加以防范，从而使长达近千年的农、牧两种生产方式争夺生存空间的斗争，发生根本性的扭转。从此之后，开始了农耕经济的向北拓展。

农耕经济扩张到北方农耕、游牧过渡地区，因遭受大自然的拦截，就不再继续向北拓展，因为那些地方已经不适宜农业的发展。数千年来，中国历史就在以中原地区为核心的一个地域内发展，以黄河、长江流域高度发达的文化为强大吸引力，构建属于自己的社会模式，进而影响周边各个地区的不同民族，吸引他们内附。

在农耕和游牧经济过渡地区修建长城，但长城内外不同族群之间的联系不会被割断，相反，他们互相依存，互相促进发展。中原王朝与游牧民族政权之间相互攻伐不在少数。军事行为是中华民族多元一体格局形成内向运动的表现形式之一，正因为相互依存关系，才有了围绕在长城地区的交流和联系。也正由于和平及非和平的交流与联系，才推动了中华文明继续发展。

中国长城的分布范围极广。春秋战国诸侯割据时期的一部分长城，在今天的山东、河南等地；湖南的湘西，有明代防苗族的一段使用历史很短的长城；汉代在云南修了一段保护另外一条“丝绸之路”——五尺道的长城。除此以外，绝大部分长城在中国的北方，因为只有北方才面临着强大的游牧民族威胁，才有调整农耕与游牧冲突的需要。

北方所包括的东北、华北和西北相当大部分地方属于长城地区，这些地方在不同的朝代面临的农耕与游牧分界点也有所不同，中原政权与游牧民族政权管理的区域也不一样。因而，历代长城修筑选择的路线也不一样。

长城地区的东部，主要是燕山山脉，是华北平原主要的屏障，也是东北平原进入华北平原的必经之地。假使游牧民族政权占据这个地区，就有了向中原发起进攻的立脚点。历朝历代都将其视为战略重地。长城地区的中部阴山山脉，是维护河套平原的战略要地。河套平原自古是农耕与游牧民族交叉地带。河套平原归谁所有，谁就占有了主动。这一地区也是游牧民族与农耕民族发生矛盾冲突但文化相互交融发展程度最高的地区。

西域长城

西部河西走廊及以西的西域地区，也属于长城防御的重点地区。对于中原王朝而言，河西走廊始终是咽喉要道。尤其是在汉朝打通连接丝绸之路的西域之后，该地区对于中原王朝而言就显得尤为紧要。河西走廊有几个绿洲，因为有很好的水源，对于农业生产非常有利，所以这个地区的农耕经济很发达，是中原王朝开拓边疆的重点地区。中原王朝一直把西域视为重要的战略地位。丝绸之路打通之后，西域是东西方文明交流的必经之地，也是青海和宁夏的一个屏障。西域被强大的游牧民族政权据有，青海、甘肃和宁夏就会面对来自游牧民族的强大威胁。西域地区一旦被游牧民族占领，很容易对中原王朝构成一种包抄。所以中原王朝政权始终很重视与西域诸族的关系，并对这个地区进行重要的军事布防和屯田开发。

从整体上而言，历代长城修建的位置主要集中于中国的北部地区，且并非简单的线型分布，而是集中在一个空间区域内。各朝代长城尽管大的走向相对一致，具体位置却并非全然一样。蒙恬北逐匈奴之后修筑的秦长城，位于战国燕长城以北。汉长城在西部地区，更是修建在秦长城的外围。金长城与秦长城相比，其地理位置更靠北。而明长城则向南退移了数百公里。

长城是人类文化的遗产

长城不管在建筑规模上，还是持续时间上都是世界上绝无仅有的。

长城建筑的巨大体量就足以让世人所震撼，其所包含深远的人文内涵对世人更有吸引力，对研究中国古代社会历史、经济、军事、文化、民族关系等方面内容都具有重要的参考价值。

首先，上千年的历史演变是长城具有永恒魅力的一个重要方面。中国有文字记载的历史距今约5000年，而长城从最初修建到达到顶点就有2200年，是我们的祖先描绘在大地上的历史画卷。它的兴衰是对中国古代封建社会各个朝代历史演变的真实记录，它的最终废弃同样是时代进步的反映。

其次，长城的修建规模不愧为历史上人造工程之最。把各个朝代修筑长

长城敌楼

城的长度加在一起，约有5万千米以上，其中秦、明两朝修筑的长城都超过5000千米，汉长城超过1万千米。中国新疆、甘肃、宁夏、陕西、内蒙古、山西、河北、北京、天津、辽宁、吉林、黑龙江、河南、山东、湖北、湖南等10多个省、区、市都能寻到古代长城、烽火台的遗迹。

修筑长城动用的人力、物力、财力更是让世人震惊不已。秦朝动用100万兵士修筑长城；北齐天宝六年（555年）征发180万人，修建幽州夏口（居庸关南口）到恒州（今大同）450多千米的长城；隋朝共修7次，每次都都投入至少3万人，大业三年（607年）更是发丁男百余万；明朝在统治的270多年中，修长城更是从未间断，而且把修长城的工程技术发挥到登峰造极的地步。

长城展现了中国古代建筑技术的辉煌成就，记录着劳动人民的聪明智慧，多少能工巧匠用他们严密的构思，精心设计出古代建筑中的精品，不仅长城的建筑规模是世界最大，长城建筑的式样也同样千变万化。敌楼、城墙、垛口的设计，关城城楼城门的建筑手法和布局都表现了高超的工艺水平和成熟的建筑风格，将这一防御工程当作一个艺术品来修建，使一个防御工程兼具了审美的价值。在形态上，长城糅合了阳刚与阴柔之美，既气势磅礴雄伟壮丽，又回环盘旋曼妙多姿。它的存在，结合了自然美与人工美的特质，并远远高于自然美。长城以伟岸的身躯穿行于戈壁荒漠，横亘在茫茫草原，伸展到大海岸边。长城所到之处给人们展现的是一幅幅夺目耀眼的美景，使大自然平添了许多灵性。长城有着写不尽的美感、道不尽的沧桑，使人们领略了古人的匠心，心灵上得到升华。巍巍矗立的座座雄关，高低起伏、蜿蜒曲折的道道城墙，将我国古代劳动人民的非凡创造力与巨大魅力展现得淋漓尽致。

从军事方面来说，长城所体现出的军事防御思想，在军事发展史上占据重要地位。冷兵器时代，在战略防御上，高大的城墙是一种很难逾越的障碍。对当时中国农耕民族防御以骑射见长、进退如疾风的游牧民族，修筑长城无疑是最为行之有效的好方法。中原的农业生产需要安定，方能耕种收获，而游牧民族逐水草而居，对农业生产造成了很大威胁。所以筑长城成了许多封建王朝的必然选择，并持续了2000多年，古代筑长城是有备无患、积极防御的思想的体现。长城的产生和发展是和中国古代的整个军事发展同步前进的，对于研究古代军事作战思想形成和发展具有重要意义。

在文化方面，围绕着长城历朝历代产生了众多的诗歌、词赋以及美丽动人的传说。不管是描述筑城辛劳的男壮丁，还是描述艰苦戍边的士兵，都会引起读者心灵的撼动，使生活在喧闹的现代生活中的人们有一丝来自远古的遐想，使人们的身心得到净化。

长城在中华民族多元一体格局的形成和发展上也发挥了重要作用。长城的修建和戍守，长城区域的无数争战曾使中国古代汉族和匈奴、羌、鲜卑、乌桓、契丹、女真、满族等十几个少数民族进行了全方位的融合，形成了今天的中华民族，与民族融合相伴的是统一多民族国家的形成。

长城对于世界认知中国，中国走向世界都起到不可替代的作用。早在汉朝，长城就保护了当时连接中外交流的通道——丝绸之路，大大推进了中外经济文化交流的发展。现在相当一部分的外国人了解中国是从长城开始的，长城是世界上其他国家人民了解中国历史、中国文化、中华民族的一个最好的切入点。万里长城这一凝结着中华民族几千年的智慧结晶的宏伟建筑，是人类历史上留下的宝贵遗产。1987 年，联合国教科文组织正式将万里长城定为世界文化遗产，证明长城所具备的历史文化和人文价值已被世界所承认。长城既是中国的，同样是世界的。

长城的保护

保护长城，就是保护世界文化遗产，就是珍惜、热爱我们祖先劳动和智慧创造的结晶，也是留给子孙后代研究中国古代政治、经济、军事、文化、建筑工程、民族关系等历史和科学丰富的实物例证。

到了清朝末期，冷兵器时代也已宣告结束，长城的军事防御作用逐渐减弱，对长城的大规模保护和维修工作随之戛然而止，自此，长城开始遭到各种各样的破坏。

1949 年前，统治阶级对这一伟大的古建筑的保护和维修工作基本置之不理，加上数百年人为和自然破坏侵蚀，致使20世纪初大致上仍然保留着原形的长城，不少地段已经倾颓倒塌，关隘敌楼砖蚀墙圮，残破不堪，甚至有的已荡然无存。

中华人民共和国成立初期，国家在财政异常困难的情况下，依然多次对长城和许多关隘及相关的名胜古迹进行维修，并将八达岭、居庸关、山海关、嘉峪关和附近的长城列为第一批全国重点文物保护单位，同时专门为长城设立了文物保护机构，设专职人员进行保护和管理。尤其是到了20世纪80年代以后，由于“爱我中华，修我长城”社会赞助活动的深入开展，使全社会保护文物、爱护长城的自主意识得到大幅提升了，促使长城保护工作进入了一个新的历史阶段。其采取的保护措施主要有：

1. 长城普查

各有关省、区、市对其所辖境内的长城及相关的文物古迹，进行了全面的实地调查、登记和拍照，基本摸清了长城的长度、走向和现状，发现了许多石刻、竹简、兵器、铭文砖等珍贵的文物，编写了长城考察报告，从而很多有价值的专著和论文得以在各大期刊杂志上发表。中国长城学会成立的最先时期，支持地矿部遥感中心运用现代化科技手段，对北京等地区的长城进行了遥感测量工作，使长城的勘查工作更加具备科学化。

2. 长城维修

在普查的基础上，按照“修旧如旧，保持原状”的八字方针，相继对北京八达岭、居庸关、慕田峪、司马台，河北山海关、金山岭，天津黄崖关，辽宁九门口、虎山，甘肃嘉峪关以及内蒙古、陕西、宁夏等处长城和卫、所、关口、墩台、烽堡进行了重点维修。经过大规模不间断的维修整理，使长城当年的雄风得以重见天日，更是增添了许多相对应的旅游服务设施，吸引了众多国内外游客观摩游览长城。

3. 发布保护长城公告

长城所在地各级政府发布了《关于保护长城的公告》，其主要内容有：第一，长城经过的各市、县，要通过各种形式，广泛深入宣传保护长城的重要意义和国家保护长城、保护历史文物的政策、法令；第二，各有关地、县，要在调查的基础上，划出保护范围，建立保护标志；第三，未经国务院批准，任何单位和个人，不得以任何借口拆长城的砖石，挖长城的墙土，毁长城城楼等建筑；第四，对保护长城有贡献的单位和个人，要给予表扬和奖励，对破坏长城者，要进行严厉惩罚。长城沿线到处都有布告进行张贴、宣传，使人们有时刻维护长城的意识。

4. 公布各级重点文物保护单位

在调查、研究的前提下，依照其历史、艺术、科学三大价值，选择主要地段或关隘、城堡，由省、市各级人民政府公布为相应级别的文物保护单位，并分别由相应级别的人民政府和文物主管部门划定范围和建设控制地带。其中保护范围一般规定，“以长城两侧墙体外皮为基线，各向外扩散150米”。在此范围内，不得超标准排放气、水，不得乱倒垃圾或从事其他污染环境的活动，不得在长城附近建造高危建筑，以免破坏长城上各个景观的设施。

5. 长城保护中的奖惩

妥善保护好长城，使它能世代留存下去，确实是一项极为艰巨的长期任务，要在日常保护工作中，对及时反映情况、制止破坏，以及对维修长城有功的组织和个人给予表彰与奖励；对肆意破坏长城的行为进行处罚，情节严重的要追究其刑事责任。实践证明，执行奖惩制度是保护长城非常必要的一项措施，是使长城保护工作纳入制度化、法治化的一个重要方面。

长城的保护工作至今仍存在很多问题，如长城保护宣传工作不到位，相关法律不完善，以及有法不依、执法不严、知法犯法等现象普遍存在；长城保护经费相对递减；组织机构不健全等问题。由于人为和自然的原因，对长城的破坏仍时有发生。

烽火台

“保护为主，拯救第一”和“有效保护、合理利用、加强管理”是保护文物工作的方针和原则。随着中国改革开放和现代化建设的蓬勃、迅猛发展，长城的保护和管理正面临着许多方面的挑战，我们应该充分采用先进科学的管理手段和方法，加强国际间的信息交流，不断研究和探索新形势下符合时代要求的长城保护科学管理体系。

长城文化带

游牧人口向南迁移，农耕人口向北迁徙，他们全部在长城脚下生活，尽管城上城下交战不断，然而农、牧社会的经济交流和文化融合从未间断。农、牧社会经济、文化的二元一体化，首先就发生在两种生活方式的交叉地带。在这里，农、牧人口的叠移形成了半农半牧带，因其以长城当作枢纽标志，所以称之为“长城文化带”。长城文化带不仅是中原王朝的边防带，而且是农、牧经济的自然过渡带；不仅是农、牧民族交接对峙的自然地理带，而且是农业文化与游牧文化的汇聚融合带。各朝各代的长城修筑，都标志着一条特殊的文化带的兴起，也都属于长城文化带整体发展过程中的一个特定阶段。

以中原汉文化作为主导，农业文化与游牧文化才得以交流与融合。自新石器时代起，在古代中国历史发展的相当长的时期内，中原文化就保持着它的领先地位，成为多元化的主干向四周辐射，各民族文化发展也以中原文化为核心。长城带的文物出土和大量文献记载表明，从秦汉王朝到明诸帝国，传入大漠南北和西域等地的钢铁制品、丝绸和各种手工艺品，数量庞大，构成较完整的汉文化体系。例如，在阿尔泰地区游牧民族的墓葬中，就发现了不少产于内地的丝织品、漆器、铜钱、五铢钱；在辽宁西岔沟匈奴墓葬中也出土了大批具有汉族风格的铁镬、铁斧、各式刀剑、铜镜等，表明铁器文化已从中原传入了匈奴。随着汉人向长城带各少数民族地区的迁徙、少数民族进入中原等各种形式的人口流动，汉文化在少数民族的渗透更加广博。同时，各民族文化也不断向长城带汇聚，与汉文化融合，在东汉末年曾出现过一次“胡化”浪潮，据《续汉书·五行志》记载：“灵帝好胡服，胡帐、胡床、胡饭、胡空侯、胡笛、胡舞，京都贵族皆竞为之。”游牧民族输入的物品以牛、马、羊、骆驼和皮毛制品为大宗，汉代军事文明很好地吸收了游牧民族擅长骑射的技艺，更加重视吸收游牧民族的长技，逐渐战场上不再使剑战斗，戟上升为军中主要长柄格斗兵器，骑兵用戟，步兵也用戟。汉文化和少数民族文化的融合，使长城带各民族文化丰富多姿，各放异彩。长城带文化融汇各民族文化，衣食住行、文化艺术无所不包，语言文字、思想制度无所不有，形成了独特的文化样貌。

从赵武灵王提倡“胡服”到清代的“旗袍”“马褂”，给古代汉族上衣下裳、宽领褒袖的笨重服饰作出了重大变革。胡服与当时中原地区宽衣博带的服装有非常大的区别，胡服衣长齐腰，裤子紧窄，腰束郭洛带，穿靴，便于骑射活动，一开始用于军队之中，因其轻便实用，民间很快也流行起来，我们今天系的腰带仍然带有胡服的痕迹，当时汉族人民所用腰带大多以纺织物为之，胡服的腰带大多数用皮革制成，皮带上打有小孔，带头的部分装一金属环，并缀有扣针，收紧

胡服骑射

之后方便牢固又不失于干练，西域把这种带环扣的腰带称为“师比”。在饮食结构方面，随着来（小麦）、牟（大麦）以及磨面方法从西域民族传入，以五谷为食的中原汉族的膳食种类和习惯慢慢发生着变化。中原汉族自汉代开始把所有面食叫作饼，长城带的民族融合促使胡饼（烧饼）、馒首、汤饼（汤面）、蒸饼、煮饼（水饺）、馄饨、水溲饼（凉拌面）等食品名称依次出现，并使面食逐渐成为长城带汉族的普遍食品。胡床（马札子）自从汉代末年从西域传入中原后，汉族习俗可谓掀起了一场大的革命，由桌椅习惯逐渐代替之前席地而坐的习俗。自汉魏至唐，豪门贵族逐渐坐榻床，宋代便开始有桌子、椅子、杌子等家具。元代时期，长城带居民引用了西域民族的凭桌坐椅习俗，这才使汉族的膝盖和双腿得到解放。而汉族的凿井、养蚕、建筑、屯田的技术和生活习惯也影响着游牧民族，在汉代，南匈奴已经过上了定居的生活。

长城带各民族的文化艺术对汉族的文化艺术发展起着非常大的影响，诸如笛、琵琶、箜篌、胡琴、羯鼓、腰鼓等乐器，音乐音律、四方的歌舞及杂技等艺术自西域传入中原。唐人十分喜欢跳胡舞，据说唐玄宗、杨贵妃都是胡舞能手，导致胡舞在民间也极为盛行，用白居易的话说，一时间“臣妾人人学团转”，简直到了疯狂的程度。长城地区各民族对我国的音乐、舞蹈、戏剧，如宋词、元曲都产生了不容忽视的影响。现在北方音乐、舞蹈、戏曲、歌曲的特点，是长城带各民族在历史发展过程中共同创造的，成为长城文化的特有现象。汉族的绘画艺术、雕塑艺术、建筑艺术也深受长城带各民族的影响，现存的玉门昌马、酒泉的文殊山、洛阳的龙门和大同的云冈等石窟艺术，敦煌的壁画艺术等，是长城带各民族乃至世界艺术汇聚的结晶。这些石窟和壁画往往带有浓郁的宗教色彩，宗教文化在中国的传播、发展更是长城带各民族的共同贡献。石窟和壁画的内容多取材于佛教，融合了中原绘画和雕塑的传统技法与审美情趣，而伊斯兰教在我国传播最广的地区就是长城带，至今两大宗教在长城带少数民族中仍有非常深远的影响。

经济文化交流融合的地带也肯定是语言文字迅速普及的地带。各民族将大量的汉文经史典籍等著作翻译成本民族文字，致使汉文经史典籍在长城带各少数民族中得到广泛发扬传播。许多民族如鲜卑、契丹、女真、满、回、东乡等逐渐采用了汉语和汉文，尤其是儒家思想和汉族的礼仪及典章制度。长城带各民族对于中国古代国家制度的建立和发展完善作出过属于自己的贡献。自秦汉至明清，中国的国家基本制度一脉相承，中原文化源远流长，从未停止。秦汉在长城带农业区建国，匈奴统一畜牧业地区，只有草原上的畜牧业民族才能完成畜牧业地区的统一，进而为中国大统一提供必要的前提。在整个国家的治理中，对农业民族和畜牧业民族采用针对性的管理制度，农业区实行州县制，对畜牧业地区则设属国、大鸿胪、南北面官、理藩院、羁縻府州和都护府、参赞大臣、办事大臣等，实行胡汉分治或因俗而治，慢慢使农、牧两种经济文化类型民族的管辖治理更加完善。统一的多民族国家是怎样炼成的？它需要经过漫长历史的洗礼，逐步形成共同的语言、共同的地域、共同的经济文化生活、共同的心理素质，这离不开各民族的文化交流和融合。

在历史发展过程中，万里长城成为东西部各民族经济文化交流与辐射的输送线，成为联结中亚、南亚、西亚以及欧洲、非洲的走廊和重要枢纽。在长城带定居的各个民族都对中国古文化的发展贡献出了属于自己的一份力量，也是因为各个民族共同奋斗的决心，才使中华民族文化大放异彩。

第二节 长城雄关胜迹

天下第一关——山海关

山海关位于河北省北部秦皇岛市的东北渤海湾的尽头。依山临海，地势险要，属于明代万里长城东部的一个重要关口，长久以来为兵家必争之战略重地。过去曾有人用“两京锁钥无双地，万里长城第一关”的诗句来描写山海关的险要。

山海关有着极为漫长的历史过程。据历史文献记载，这里商代属孤竹，周属燕，秦时属辽西郡，所辖14县中有临渝县，汉代属卢绾，后属阳乐。建安十年（205年）曹操在这里设置卢龙郡，晋国把这里叫作营邱郡，北魏称这里为乐浪郡，隋明将这里当作北平郡。《隋书·地理志》上说，炀帝大业十年（614年）置北平郡，有长城，有关官，有临渝宫。唐代属临渝县，武后万岁通天二年（697年）更名石城县，有临渝关，一名临闾关，有大海关，有碣石山，有温昌镇。辽国在这里设立迁民县。明洪武十四年（1381年）魏国公徐达创建关城，设立卫所之后才开始称之为山海关。清乾隆二年（1737年）在这里设置了临渝县，山海关就变成了临渝的县城。

因为山海关地势十分险要，历来的兵家必争之地，因而古代无数战争在这里发生。明朝末年李自成率领的农民起义军和山海关的总兵吴三桂官兵在石河西岸发生一次大战。崇祯十七年（1644年）四月二十一日起义军以数千骑兵突破了西北防线，逼近山海关西罗城下，二十二日又有山海关北翼城的一支明朝官兵起义，山海关城很快即可攻下。然而吴三桂投降清军，出关迎接清军首领多尔衮入关。明军与清军两军合战，左右进攻，与李自成起义军大战于石河西岸的红瓦店一带，义军战斗十分英勇，只不过因为敌众我寡，只好默默撤退。于是这个山海雄关的大门洞开，清军大批进关驰入中原。

清朝末年，帝国主义侵略军也侵入了山海关、秦皇岛、北戴河一带。光绪二十六年（1900 年）八国联军入侵山海关，直到第一次世界大战时才撤走。

1922 年夏，直、奉军阀大战于石河西岸，1924 年秋，再战于山海关外的关家坟、威远城、姜女庙一带。1933 年，日本帝国主义侵占东北后，占领了山海关，把它变为东北伪政权“满洲国”的门户和入侵华北的重要关口。

1945 年，日本帝国主义投降，山海关最终得以解放。受到美帝国主义支持的国民党反动派，从秦皇岛登陆向东北解放区进犯，在石河西岸与解放军大战，解放军一部分战士壮烈牺牲。现在在山海关外欢喜岭上的烈士陵园就是为了纪念在这次战役中牺牲的烈士们而建立的。

山海关的关城为四方形，周围 8 里 137 步 4 尺，并有宽 5 丈深 2 丈 5 尺的护城河围绕。有东、西、南、北四个关门：东门称为镇东（“天下第一关”门），西门称为迎恩，南门叫望洋，北门称为威远。在关城的东西两头又筑有东、西罗城，以为前卫。万里长城自关城的东门“天下第一关”城楼向两侧伸展，南面伸入大海之中，北侧直达燕山。在南北两侧长城内侧，距离关城很近的地方又有南翼城、北翼城各一，为屯兵之处，南北拱卫。在山海关关城的东门外，又设置许多城堡、墩台作为前哨。如今东门外的卫城“威远城”的遗址和八里堡墩台（烽火台）的遗迹可为今人所观赏与追寻。山海关关城并非一

山海关

个孤立的建筑，而是与关内外的长城、墩堡、关隘等建筑共同构成的一个完整的防御工程体系。

高大醒目的城台之上建有“天下第一关”城楼。台下有砖砌券门通向关外。券门洞内原设有闸门，按时开启。门外又有方形瓮城一圈用来增强关门的防御能力。城楼为一座三间、两层、歇山顶的建筑。据记载城楼高 3 丈，上层宽 5 丈，下层宽 6 丈，与现存情况基本吻合。屋顶用灰色筒板瓦仰复铺盖，脊上设有吻兽。城楼东、南、北三面共开有箭窗 68 个，像极了箭楼的形式，更彰显出这一天下雄关城楼的恢宏气势。登上第一关城楼，北望长城从角山盘旋而上，有如长龙蜿蜒在崇山峻岭之间，南望长城直奔渤海之中，酷似龙头探向海底，景色蔚为壮观。明朝人曾用了“幽蓟东来第一关，襟连沧海枕青山”“万顷洪波观不尽，千寻绝壁画应难”等诗句来描写山海关近旁的美丽景色。

知识链接

“天下第一关”匾额的保护

“天下第一关”匾额上五个烫金大字高悬于城楼之上，笔力苍劲，过去曾讹传为严嵩所书，事实上是明朝成化八年进士、本地人萧显书写。现在楼下所藏为原匾，楼上所藏是光绪八年摹刻，楼外所悬挂的则是 1929 年摹刻的。抗日战争时期，日本侵略军曾妄想盗走原匾，因群众设法将匾藏于西大街文庙大成殿内，才把它保存了下来。

1. 老龙头和澄海楼

从山海关东门往南，长城伸展4 千米，直入海中，被称为老龙头。在老龙头附近有一濒海城堡叫宁海城，原来在城上有观海亭，后改建为澄海楼。伸入海中的城台敌楼极为坚固雄伟，它为明朝抗击倭寇的大将戚继光所建。陈天植《重修澄海楼记》上说：“长城之稍，甃石为垒，高可三丈，长且数倍，曰老龙头。此则明故将戚继光所筑。”老龙头城基伸入海中历经数百年在无休无止的汉涛海浪的冲击下，为什么没有被腐蚀呢？这是因为在海底安下了很多铁锅，铁锅反扣海中，使海浪的冲击大大减弱，这一科学的建筑方法，曾被前人载入史册。清顺治澄海楼记中说：“城根皆以铁釜为基，过其下者复釜历历在目。”老龙头不远有城楼名为澄海楼。澄海楼高3 丈，广2 丈6 尺，深1 丈有8 尺。与长城墩台一起，在海上高高矗立，极为壮观。明清不少诗人写下了“戍楼尽处接危楼，一槛凌空万象收”“城头望海海潮生，白浪乘风撼塞城”“破浪乘风泛舟楫，安能歌啸不持瓯”等诗句来夸赞它。

2. 姜女庙

姜女庙又叫贞女祠，距离山海关外6.5 千米，八里堡之南。

提到秦始皇劳民伤财修筑万里长城，经常使人联想到孟姜女的故事。根据史料查考，最早把孟姜女的故事与秦始皇相联系的是唐朝僧人贯休，在他的一首诗中说：“秦之无道兮四海枯，筑长城兮遮北胡，筑人筑土一万里，杞梁贞妇啼呜呜。上无父兮中无夫，下无子兮孤复孤。一号城崩塞色苦，再号杞梁骨出土……”从此，孟姜女寻夫、孟姜女哭长城的故事就在民间流传开来了。

现存的姜女庙是明万历二十二年（1594 年）重新修建的，经明、清多次重修。修庙的主事人张栋在他的《贞女祠记》中也说，孟姜女姓许，陕西同官人，丈夫范杞梁被秦始皇命令手下抓到北方修长城，姜女作寒衣，万里寻夫，迢迢远道找到长城脚下时，丈夫早已丧命，埋在长城之内了。她每天每夜痛哭不止，终于哭倒了长城。这就是“孟姜女哭长城”的传说。“贞女孟姜……或以夫为范郎，又云杞梁。杞梁春秋时人，其误无疑。”不过他为了宣扬旧礼教，以启发人之“贞烈”，也就将错就错，“以近长城而思孟姜，因指以为迹”，连后来的乾隆皇帝也只好说“讹传是处也无妨”了。

如今姜女庙保存有山门、前殿、后殿、振衣亭等建筑。山门前有108磴石级上达庙内。后殿旁有巨石两块，上刻“望夫石”三字和乾隆姜女祠诗。当人们站在庙的周围或望夫石上、振衣亭里时，可南望大海，北看燕山，万里长城蜿蜒于燕山之上，一时间使人感慨万千。

在前殿的廊柱上有一副对联，颇让人们费解。

上联是：海水朝朝朝朝朝朝朝落

下联是：浮云长长长长长长长消

如果把几个朝字和长字加上三点水旁，就易于明白了。

海水潮，朝朝潮，朝潮朝落。

浮云涨，长长涨，长涨长消。

在姜女庙南的大海中，有突出水面的数块礁石，有传说称是孟姜女的坟墓，这当然不是真的。由于礁石陡险，平时人不能登，仅有阵阵群雁偶尔在其上驻足停歇，因此被称为“姜坟雁阵”，属于渝关景色之一。

山海关附近的长城、关隘和古建筑、文物数不胜数，如九门口、金牛洞、卧牛桥、三清观、徐达庙等。

3. 秦皇岛和碣石

山海关附近还有秦皇岛、北戴河、碣石等名胜。毛泽东同志于1956年写的一首《浪淘沙·北戴河》词中，曾生动地描绘了这一带海湾壮丽的景色：

大雨落幽燕，白浪滔天，秦皇岛外打鱼船。一片汪洋都不见，知向谁边？往事越千年，魏武挥鞭，东临碣石有遗篇。萧瑟秋风今又是，换了人间。

词中所引述的秦皇岛和碣石与山海关的历史存在着密切关系。

秦皇岛这一名称从何而来呢？传说是因秦始皇于公元前215年东巡海上曾经到此而得名的。《史记·始皇本纪》上记载：“三十二年（公元前215

碣石山

年）始皇之碣石，使燕人卢生求羡门、高誓，刻碣石门。”《封禅书》上也记载着秦始皇因为寻找不死药，寻找蓬莱、方丈、瀛洲三仙山，遭到方士欺骗来过这里。

碣石的名字非常古老。《尚书·禹贡》中就已存在了。秦始皇刻的“碣石门”辞：“堕坏城郭，决通川防，夷去险阻，地势既定，黎庶无繇，天下咸抚。”辞上详细记述了秦始皇拆除从前六国互防长城的故事。汉武帝在登封泰山之后，又东巡海上，到达碣石，观看巨海，并修筑高台记录功绩。唐太宗也曾到这里来刻石纪功。古代许多帝王和诗人在这里写下了描写海山景色的著名诗篇，最有名的当数魏武帝曹操的《步出东门行》，也称《碣石篇》，其中有“东临碣石，以观沧海。水何澹澹，山岛竦峙。树木聚生，百草丰茂。秋风萧瑟，洪波涌起”的诗句。毛主席词中的“东临碣石有遗篇”指的就是曹操的这一首《碣石篇》。

关于碣石的地点，据考证是在昌黎县城北 5 里，也有人认为即临渝县南海中或就位于秦皇岛上。

虎头之势——虎山长城

虎山长城是明长城的东端起点，位于辽宁省丹东市宽甸县虎山乡，因长城坐落在虎山村的虎头山而得名。

据记载，虎头山南临鸭绿江，西濒叆河，地势险要，为关隘重地。虎山是一座状如卧虎的小山，在它的南麓靠近鸭绿江边，明代修筑了一座江沿台堡，这是真正的明长城东端起点。它的脚下是滔滔西去、一泻千里的鸭绿江，背靠虎山，加之驻兵戍守的边堡，这种地形的选择和防御设施的建置，作为明长城的起点，真可谓有“虎头”之势，其用心何其良苦。

虎山脚下原有一高句丽旧城址，明修长城时利用旧城址建江沿台堡，明代在此修的长城又称老边墙（今宽甸县虎山乡还有老边墙村）。它南接鸭绿江西岸的险山墙（明代称险山为马耳山，地在九连城之东），明嘉靖四十四年（1565 年），辽东巡抚李辅在《议经略东方未尽事宜以安边境疏》中说：“虏人犯……自短错江沿流而下，则犯九连城，今险山设立（此险山指险山堡）大兵西南等无虑矣，唯有康家哨一处乃在江沿台之左，而为边陲之末。”这就是指在康家哨口的老边墙。

这里所说的短错江台是它的边台，属当时的“边堡”——“汤站堡”所辖。“康家哨”（明时称呼）隘口，尚存部分遗址。关于老边墙的建筑年代，应在明成化五年（1469 年）第一次明建辽东长城时期。

与虎山长城江沿台堡相隔不远，是镇江堡站，因该城址为九连形式，因而称九连城。城南隔大路为鸭绿江，这里向西南行出鸭绿江口入黄海，是海陆重镇，即水军海防沿线上一个重要防御站。历史学家推论其地为元代的婆娑府。1974 年，这里曾出土过元代“万户之印”“劝农之印”。1976 年，这里还发现了明代铁盔。九连城不但是辽东东南部边境上的军事要地，而且也是明、清两代中国与朝鲜通商的要道，同时还是两国使节往来的必经之地。

九连城东面有叆河和鸭绿江，后面有镇东山，形势十分险要。清代光绪年间，陈本植曾对古城址进行过调查，他在描绘九连城的情形时讲：“细辨围壕界址，其势乃长短方圆相环共计营围有九，与贡道旁之土城三面分峙。”现城址尚存4处，瞭望台5处。

自元代以来，九连城就成为“互市”之所。清代贸易在中江岛上进行，岛上的马市台，也称“中江台”，即今马市台村。每年的春秋两季，双方都到马市台进行物资交流活动。清代末期，又将“互市”地点迁往九连城。

畿东锁钥——黄崖关长城

在天津蓟县北部崇山峻岭中，绵延着42千米长的明代黄崖关长城，以雄险出名，被称为“蓟北雄关”“畿东锁钥”。这里汇聚了明长城多种类型的建筑形式，依山建城，高低错落，千姿百态，气势恢宏。

黄崖关，是明蓟镇长城的重要关隘，距离蓟县城北25千米处。出黄崖关向北是河北兴隆县，发源于兴隆县茅山峪的沟河，横切燕山南流，河谷为峰峦林立的燕山山脉间一条重要通道，这条重要峡谷之上便是黄崖关，使连通燕山南北的孔通得到扼控。关城正扼守着两山夹峙、一水中流的狭处，形势极为险要。“紫塞横空岚影秀，之字平分两仞山”这两句诗，形象生动地描绘出黄崖关的雄奇和险峻。这里是蓟县境内唯一的一座关城，有“小雁门关”的称谓，有传说是李自成所起。李自成来到这里，看到此地崇山峻岭，林茂谷奇，颇有点类似山西雁门关的风姿，再加上是抵御清军的好地方，故将这里命名为“京东雁门关”。黄崖关始建于明永乐年间，当时建了正关、水关和由关城向两侧延伸的城墙，关城东侧山崖峭壁高悬，到处布满黄褐色的岩石。在夕阳照射下，层层叠叠的山体微泛金光，景致十分壮观，所以有晚照黄崖之称。黄崖关作为京东险要之地和京师东面的门户，在京师防御体系中占有绝对重要的地位。

蓟县是个重镇，历代统治者都非常重视这个地方。秦朝在此设立无终县，隋代改名为渔阳，唐代才将之命名为蓟州，直到1913年才改为蓟县。蓟县修长城的历史，可上溯到北齐时代。《隋书·地理志》记载，在渔阳郡无终县有长城。考古调查发现，今黄崖关长城太平寨段，从水洞处城墙陡然下伏，继而又随山势猛插云霄，山巅之上，修筑一个圆形黑色的石筑烽火台，这是北齐天保年间（550—558年）所建，距今已有1400余年了。接着是100多米陡降的石墙，这同样是北齐时代建筑的。狭窄的长城凌驾在山峰上，悬崖峭壁，深渊百丈，游人踏着专为游人制作的木板马镫上下，仍然感到胆战心惊。长城专家们把此段长城称为“国宝”。

一段奇妙的长城——司马台

在普通人的心目中，北京有八达岭、慕田峪等长城。然而在北京北部的密云区山区中，还有一段被叫作“奇妙的长城”——司马台长城，就极少为人所知了。这段长城已被联合国教科文组织认定为人文保护遗址。

司马台长城位于密云区北77千米处的东庄禾乡境内，距离北京120千米，东起望京楼，西与金山岭长城相连，蔚为壮观。在这条长城的中段，还有一个南北长六七百米、蓄水量5万立方米的司马台水库。长城从两面山上飞驰而来，如巨龙饮水，气势超凡。因司马台长城有山有水，所以也有人称其为“司马台山水长城”。

司马台长城是扼守古北口长城东部的重要关口，始建于北齐。时至今日，北齐长城还有迹可寻。司马台北齐长城坐落在密云区东庄禾乡后川口村对面山上，这段长城残高70厘米，宽2.5米左右，断断续续估计有3千米长。一端开始于司马台关门西山脚下，顺着山脊在后川口与明代金山岭长城连接，这是此地唯一的一段遗存下来的北齐长城，轮廓面貌还清晰可辨。明代万历年间修筑的砖石长城就是在

司马台

北齐长城的基础上修成的。司马台长城属于万里长城的一部分，它汲取其他长城段之精华，建筑在燕山峰巅之上，地势险峻，建筑奇特，富有诗情画意。

司马台长城相当一部分在陡峭的峰巅危崖上建立，有些地方简直为垂直壁立，人们登长城宛如上“天梯”一般胆战心惊。一道通天石梯，只允许独身攀登，与蜀道无异，和古栈道有异曲同工之妙。长城修建后的高低宽窄也有很大的不同。山下的墙体宽五六米，到山顶的悬崖绝壁处，墙体仅有约40厘米宽，这种单边实砌墙身的长城，为司马台长城所独有，被叫作“天桥”。有些地方就纯粹把高山当作城墙，就在山顶修筑敌楼派士兵守卫即可。以山为墙，叫“山险墙”。司马台以东的山脊有些地段较窄，长城修到这里，仅在墙面外侧筑一道单墙，墙上布满射眼，供守城将士射击使用，这种墙叫作“战墙”，是一种独有墙体。

在司马台这段较短的长城墙体上，共设置有34座敌楼。其建筑形式较为独特，有别于其他地方的长墙。敌楼分单层、双层楼，有单室、双室、多室。形状有田、日、川、回字等。顶部结构有平、穹窿、复平、八角藻井、四角钻天等形式，门窗有砖券、石券、雕花花岗石等，坚固美观，富有民族特色。敌楼之间的距离根据地势的陡峭、平缓程度从五六十米到百米不等，其原则是两座敌楼的中间地带皆在射程之内。总而言之，敌楼的大小、样式都是根据官衔等级、戍防人数和地理位置等因素分别设置的。有座敌楼建于山脊如锥之地，因地狭小，只能造得又高又细形如棒槌，所以称其为“棒槌楼”。司马台长城上还有座“仙女楼”，建筑十分精美，汉白玉石券洞上刻有并蒂莲浮雕。相传有一只羚羊变作仙女就住在此楼上，有个牧羊人还亲眼见过她，所以取名仙女楼。

在司马台长城上有座闻名世界的城楼叫“望京楼”，它屹立在司马台长城近千米高的地方。有人说，在望京楼上驻足远眺，如果遇到万里晴空，夜幕中可望见北京城的万家灯火，白天可望见北京城的北海白塔、景山黄亭等高大建筑物，所以称之为“望京楼”。伫立在这楼顶之上，向山下俯瞰能够望见历历村庄，袅袅炊烟如幻似梦。那道道登山小路，就像条条飘带逶迤于峡谷之中。举目远望，众峰挺拔，万木森森，司马台水库水平如镜，塞外的旖旎风光尽收眼底。所以，望京楼便成为人们登攀观赏长城的著名胜地。

在登望京楼途中的老虎岭楼底下，3 块巨石宛若石碑并立，崖缝之间宽不过1 米，居中那块巨石的半山腰中有一洞口，洞里有一池清水，旱不枯竭，涝不增水，因而被当地人叫作“天池”。传说当年在此修长城的人们就饮其水。如今的游客到了此处掬水细饮，仍然能够品尝到清冽的甘甜滋味一口足以醒神。

司马台长城的山脚下，有一座司马台大水库，在司马台关门处，很自然地把长城分为东西两段，使长城如二龙戏水，平添许多意趣。以水库为界，西长城上有 18 座敌楼。当年戚继光下榻的黑楼、饮茶的石台、议论军机大事的花楼、库房楼等都还保存至今。东长城的山势，由缓而急，长城腾越向上，直插云天。水库中那清澈碧绿的水面，倒映出两侧长城的影子，煞是好看。更奇妙的是，在西山坡离库边不远处，有一个温泉，水温常年维持在 38℃左右，可饮可浴。此处修有池堂，可冲泡温泉浴。在东山坡下还有一个冷泉，其水冰冷刺骨。由于温泉与冷泉并存，致使库水冷暖各半，人们戏称二泉为“鸳鸯泉”。两泉水量长年充裕，从未间断。水库面积为 2. 3 万平方千米，游览至此或洗个温泉澡，或荡舟碧波之上，或游泳、垂钓，都会给你带来无穷的乐趣。每至严冬，外面尽管已经是银装素裹的冰雪世界，然而库区依然碧波荡漾，雾气升腾，天气越冷，雾气越大。若此时来此观览长城，看它吞云吐雾，仿佛自身已经置身于仙境。

司马台水库南侧 2 千米许，是司马台堡。这是明代守城将士安营扎寨的堡子，其城长约 300 米，宽约 200 米，墙体为砖石结构。东西各设一门，堡子里至今尚有村民居住，堡民进出村子的唯一路口是东门。司马台堡以城为中心，南设一楼，北置一庙（真武庙），东有一塔，西有一寺，可见这里当年是长城脚下的一座繁华小城镇。如今如果可以恢复它往日的繁华，当是一处很有价值的旅游景点。

值得人们欣慰的是，司马台长城今已修复城墙 839 米，敌楼 8 座。全国长城专家罗哲文先生 1986 年在今密云区举行的长城论证会上说：“司马台长城是长城之最。”曾在国际上获奖的纪录片《一段奇妙的长城》再现了司马台长城的威武雄姿。

万里独秀——慕田峪

慕田峪长城位于北京市怀柔区北部，距北京城区70余千米，是现存万里长城中保存得最好的地段之一。根据历史文献记载，距今1400多年前的北齐时代，这里就曾修筑过长城，而现在的长城则是明代所修筑。这里由于地势险要，历史上曾发生过多次重大的战役。相传曹操灭袁绍兄弟时就曾取道于此。明朝初年，赶走元代统治者的时候，徐达和元兵大战于此，打败了元军后不久就开始修筑长城和关隘，这就是从居庸关到山海关这一段早期蓟镇长城。永乐二年（1404年），这里正式建立关城。隆庆三年（1569年），谭纶、戚继光重整边墙，驻兵防守。

慕田峪的长城不仅气势雄伟，而且结构也有其独特之处。这里的关门与八达岭、山海关、嘉峪关等处的形式都不同，是由三座空心城台所组成的。它不是从正中城台开门，而是从南侧城体开门，作为关内外的通道。它有如敌楼之状，造型甚为奇特。自关门的两侧，长城缘山脊升起，尤以右侧的坡度最为陡险。东侧长城随山势翻转，奔向远方。至一山顶，长城突然下降，又突然升起，直到海拔940多米的地方，绕了一个大弯，形如水中的大犄角，人们把它称为“牛犄角边”。再往前，长城继续延伸，经过一个名叫“箭扣”的地方，两侧山峰如削，达到1044米的高峰。为了不把这里的山头制高点留在外面，长城必须从山头的外侧断崖绝壁上通过。那用什么方法来解决长城通过断崖的问题呢？石材、木材都不行，只有钢铁才有可能。于是修筑长城的工匠们，便用了两根铁梁，担在断崖上，把长城从铁梁上修过。这种方式在全部长城上甚为罕见。

接着长城向南伸出一段，到山势尽处，突然终止，在尽头处修了一个甚是坚固雄伟的敌楼。由于突然终止，因此被人们称为“秃尾巴边”。关于这段秃尾巴边还流传着一个辛酸的故事：明朝万历十年（1593年），宰相张居正去世，朝中党派斗争激烈，任人唯亲，贿赂盛行。戚继光等正直的大臣相继

长城雪景——慕田峪

被调走，于是边防极为吃紧。为了加强京城的防御，政府便继续加固增修燕山的长城，在慕田峪又起用了一个原来戚继光的部将继续修筑长城。这位部将精通兵法，看见慕田峪这里的山形地势十分复杂，长城外侧曲折起伏的岗岭很多，敌人容易隐蔽潜行到城墙脚下，于是决定修一道向外纵深延长的工事，和原长城正成直角；并作好了方案和预算，报到兵部。兵部中有人乘机向他索要贿款，这位廉洁奉公的将领，不肯行贿，那位兵部官员就暗下害人之心。当完工时，他便聚集了一些亲信爪牙前往检查，诬陷这位正直军官把长城走向定错了，并中伤他故意如此，贪污舞弊，此外还罗织罪名将其予以杀害。直到10多年以后，这一冤案才得以昭雪。这段“秃尾巴边”不仅方向不错，而且工程质量好，又节约了成本。因此，朝廷特在敌楼内立了一块昭雪牌，一直保存了300多年，慕田峪的老乡和过往游人都曾看见过，可惜后来被砸坏了。

慕田峪长城的另一个特点是林木葱郁、水草丰茂、风景异常优美。在人们的印象中，似乎所有长城都在荒山野岭之上，殊不知慕田峪长城却处在万绿丛中。清人孙学诗有诗云："借问谷中何所有，千树桃花万树柳。"这里一年四季都有美景可供观赏。春天是群芳争艳，桃红李白；夏天是漫山青绿、郁郁葱葱；冬天是白雪皑皑，松柏傲霜；而最迷人的则是金色的秋天，核桃、板栗、梨子等果实累累，挂满枝头，加上各种树木的叶子有金黄、鲜红、绛紫，五彩缤纷，漫山遍谷。雄伟的长城，飞舞腾翔于山脊之上，使景色更觉壮观瑰丽。

雄关险隘——古北口

古北口在早期并没有长城，战国和秦、汉时期的长城是从古北口以北很远的地方经过的。直到北齐天保六年（555 年）所修自西河（今陕西榆林河）至山海关 3000 多里的长城从这里经过，古北口这一带才有了长城。但是北齐长城比较低矮，为土石所筑，现存遗迹已经不多了。唐代曾设东军、北口二守提，辽、金入关皆战于此。辽代还设关收税。金贞祐二年（1214 年）也在这里设过铁门关。但是古北口成为一处雄关隘口，是从明朝开始的。

古北口与居庸关东西对峙，是华北平原通往内蒙古草原的要道，自古称为雄险，有"地扼襟喉趋溯漠，天留锁钥枕雄关"之称。据明朝嘉靖三十八年（1559 年）祝增所写的一块碑上说：古北口在畿辅（北京）东北二百里许，即唐朝时候幽州的虎白口，与诸民族为邻，最为要害，国朝设卫置将，以为重镇。凡是说天下之险要的，都要数这里。《密云县志》上说："京师北控边塞，顺天所属以松亭、古北口、居庸三关为总要，而古北为尤冲。"古北口建有关城，跨于两山之上，南控大石岭，北界潮河川，城的形状为三角棱形，有 3 个城门。徐达建关城于明洪武十一年（1378 年），并在这里设了守御千户所。洪武三十年（1397 年）把千户所又升格改为密云后卫，设了指挥使 3 员，同知 6 员，指挥签

古北口

事5员，指挥1员，左、中、右、前、后5个卫所，有正副千、百户36员。明朝弘治七年（1494年）又在这里设了古北口提调，属古北路参将管辖。古北路所属有15个关口，东起汤河口，西至乍儿峪口。后来发现的沙岭口长城就是古北路下属的一个关口，为古北口长城的组成部分。

在辽金时候，古北口这里还是从辽南京和金中都通往中京、上京的要道，宋朝遣使契丹赴中京、上京者，都要从南京（今北京）取道古北口。因此，古北口留下了不少宋朝使臣的诗句。著名的有欧阳修的《奉使契丹过塞》：

古关衰柳聚寒鸦，驻马城头日欲斜。

犹去西楼二千里，行人到此莫思家。

从这些诗句中，不仅反映了辽宋当时使节往来密切的情况，同时也反映了古北口的山形地势和关口险要的情况。

清朝时虽然停止了修长城，但是古北口仍然是北京通向蒙古草原和东北的要道。康熙在承德建立了避暑山庄之后，古北口更成了清帝多年来往返承德、围场进行政治活动和游乐的必经之地。

在这一带长城的四周，还有盘龙山、卧虎山、虎头山、马山、杆棒山、尖岭、大岭等高峰峻岭。在长城奔驰的东南方向有一座云雾弥漫的高山名叫雾灵山，是燕山的有名高峰。

重关天险——居庸关

根据有关文献记载，居庸名称是来自秦始皇时期曾经迁徙庸徒（庸是贫苦受雇的劳力）于此产生的。然而秦始皇时的长城并不经过这里，而是从北面较远的地方到达辽东的。在秦始皇修筑长城的同时，曾顺着长城设置了12郡，用来开发长城沿线和确保长城的供应。其中上谷郡就在今居庸关附近的延庆、昌平、怀来、宣化、保安这一地区，曾经把一些老百姓和囚徒迁居至此，是有可能的，以后也有不少从外地迁移人民到居庸关的记载。如《后汉书》上记载：建武十五年（公元39年），徙雁门、代、上谷三郡民居常山居庸关以东。元初五年（118年）也有鲜卑人上谷攻居庸关的记载。所以，从汉代就已经在居庸这里设置关口了。但当时这里的居庸关并不是长城线上的关口，而是居庸县与军都县之间的关口。三国时候叫作西关，魏称军都关，北齐改称纳款关，唐朝称作居庸关、蓟门关或军都关。辽、金、元、明、清各代都称作居庸关。

1972 年，在内蒙古自治区和林格尔发掘了一座汉墓，墓内壁画上有一幅居庸关的画面，壁画上标注出了“居庸关”三字，并画出了关内外人们和车马往来的热闹情况。表明了在 2000 年以前的居庸关内外，我国各民族之间已经友好往来的情况。

居庸关距北京 50 多千米，在将近 15 千米长的关沟之中所建立。这条关沟是从大同、宣化通往北京的孔道。太行山从山西经河北至此数百里，连绵不绝，从山麓至山脊都非常凶险，一般人无法攀登，其间有八条通道，谓之太行八径，居庸即是其中的第八径。《淮南子》说：“天下九塞，居庸居其一。”《金史》上说“中都（金首都，在今北京广安门一带）之有居庸关，犹秦之有崤函（关名），蜀之有剑门”一样，是首都西北的门户和屏障。

北魏时期，居庸关才开始修筑长城，太平真君七年（446 年）“畿上塞围”，北齐天保六年（555 年）修长城自幽州北夏口（居庸关南口）至恒州（山西大同），又从这里往东把长城修到了山海关。从此以后，居庸关才与长城相结合，成了长城的一处重要关口。

现在的居庸关关城和长城，是明朝翻修的。除和林格尔汉墓中所发现的居庸关壁画外，还在居庸关残破的城墙中发现有一些较大的沟纹砖的残件，应属于辽、金以前的遗物，表明原来这里确是有关城和其他建筑物。《水经注》上记载：“关在沮阳城东南六十里，居庸界……累石为关垣，崇墉峻壁。”说明北魏时的关垣是用石块建成的。元代欧阳玄《过街塔》铭中说，元朝曾在关城的南北作了两个大红门，设立关卡和斥候（烽火台）。

明初朱元璋首先派大将军徐达修筑居庸关等处的关隘。《延庆卫志略·关隘》上说：“明太祖既定中原，副大将军徐达以修隘之任。即古居庸关旧址，垒石为城。景泰初（1450 年）王师败于土木，兵部尚书于谦言：“宣府京师之藩篱，居庸京师之门户，宜亟守备。乃以佥都御使王镕镇居庸，修沿边关隘，因旧关地狭人稠，度关南八里许古长坡店，创建城垣，即今延庆卫城也。周围一十三里三十七步有奇，东跨巽山之上，西跨兑山之巅，南北二面筑于两山之中，高四丈一尺，厚二丈六尺，东西二面依山建筑，高厚不等。”这段记载与今天居庸关的建筑形制还是基本吻合的。根据实地勘查东西二面依山建筑的城墙，的确是高厚不均。在现在南侧关门的“居庸关”三字匾额上，还保存有“景泰伍年捌月吉日立”的字样，北侧关门匾额上有“景泰伍年伍月吉日立”的题记。《明英宗实录》中也有“景泰六年（1455 年）六月己丑……修居庸关城毕工”的记事。

关于居庸关关城的布局情况，自元代开始才留有大量的文字记载，并且还有一座过街塔的基座保存下来，作为实物例证。元代熊梦祥《松云闻见录》中录欧阳玄“过街塔铭”中所说有几点值得参考。一是元时居庸关作为由大都通向上都的大道，皇帝经常从此出入，在居庸关内有寺院，有花园，还有皇帝住宿的地方。二是在关沟的南北修建了两道大红门，作为关的南北大门。按照元人乃贤居庸关诗自注上说永明宝相寺和云台在关北 5 里，那么元时居庸关的范围与现在没什么区别。《析津志》上说：“关之南北有 30 里，大红门应即是南北关门，南关大红门，约在关沟口上，今南口之内。北关大红门约在今八达岭附近。”三是元代在关内修建了一座精美的过街塔。四是元朝在居庸关南北两口设了千户所，后改升为万户府，卫军 3000 人，主要用来捉捕盗贼。

明朝时期，居庸关存在水、陆两道关门，现在保存完好的是陆门关，跨谷的水门关已经尽数被摧毁，如今只有残址尚存。明朝把云台（过街塔）包在关城之中，关城内有泰安寺、参将、指挥、巡关御史衙门及其他营房等居住的建筑，还有一座规模相当大的“叠翠书馆”。寺院、书馆的遗址，现在还可发现。

现存的居庸关位于长达 30 余里的关沟之中，有南北两个外围关口，当作南北门户。南口距北京 40 余公里，为居庸关关沟的入口。北口即是现在的八达岭口，即八达岭关城。居庸关则位于南北二口之间。在居庸关北八达岭之间还保存着上关遗址一处，应当是明朝初期徐达所修筑的居庸关旧址。近年

长城

新修城楼、墙垣、敌台等。

居庸关居于两山夹峙、山形陡峭的狭谷之中，又有南北两重关口以为防卫，加之设有重兵守卫、巡逻，所以自古以来就有“天险”“绝险”的称谓。唐朝诗人高适入关诗有“绝坡水连下，群峰云共高”之句；金人宇文虚中过居庸关诗有“奔峭从天拆，悬流赴壑清，路回穿石细，崖裂与藤争”之句；元人葛罗禄乃贤居庸关诗有“叠嶂缘青冥，峭绝两崖束……重关设天险”之句；明人李贽过居庸关时有“重门天险设居庸，百二山河势转雄”之句。至今在八达岭的山崖上还留有“天险”二字的题字。长期以来，在居庸关之处曾经发生过多次危险的战争。从汉朝元初五年（118 年）就有鲜卑人攻打居庸关与汉朝守将大战的记载。北魏孝昌年间（525—527 年）杜洛周起义军也曾迫使都督元谭西退军都关。辽、金两朝的灭亡，在居庸关这里也发生过鲜为人知的战例。辽代末年，金兵近逼居庸关时，辽方调集了精锐部队镇守居庸，信心满满地认为雄关固若金汤。但当金兵进到关下时，辽兵因为隐藏于危崖之下，突然崖石崩塌，致使无数兵将被活活压死，便不战而溃了。元王朝形将倾覆之时，元人多次进入居庸关。有一次元兵已抵达居庸关外，金兵把居庸关用铁水来封固了几重关门，在关沟内外布满了鹿角似的铁蒺藜 100 多里，并且选了大批精锐部队防守，满以为元兵插翅也难飞过居庸了。却未曾想，第二天早上，忽在南口闻得金鼓之声从天而降，金兵大溃。原来是元兵到了八达岭下，知道金兵设防严密，便更改了攻关的计划。元太祖（铁木真）问熟悉情况的札八儿如何是好。札八儿说，这样的情况不能强攻，我知道从这个地方往北，黑树林中有一条山谷小道，只有一人单骑可以通过，如果兵马在夜里悄悄通过，一夜就可绕过去。因而铁木真命他做向导，夜入山谷，天亮已经绕过关口，来到南口平地上了。金兵还死守在关沟之中，元兵已入居庸，一直打向中都去了。元朝的灭亡也是明兵从居庸关而入，直下大都。明末农民起义领袖李自成率义军首先打下了宣府（宣化）总兵驻地，一举打下了怀来，直入居庸关，攻破北京城。

居庸关自南口以上，两山夹峙，一水中流。《水经注》上说："山岫层深，侧道偏狭，晓禽暮兽寒鸣相和。"这条水叫作湿余水，"其水东南流出关，谓之下口"。30 多里的关沟之中清溪萦绕，层峦叠嶂，草木葱翠，禽鸟飞鸣，不愧为北京西北的一处壮丽的景色。因此在 800 多年前的金代就以"居庸叠翠"而列为燕京八景之一了。

明长城的代表——八达岭长城

经过历朝历代对长城的维修增建，我们如今看到的长城几乎全部由明朝所建，八达岭长城是明长城中保存最好的一段，也是最具代表性的一段。八达岭是长城重要关口居庸关的前哨，海拔高达 1015 米，从八达岭俯瞰居庸，远眺北京，居高临下，势若高屋建瓴，因而古人说，"自八达岭下视居庸关，如建瓴，如窥井""居庸之险，不在关城，而在八达岭"。可见当时居庸关只是一个关城，真正的长城是修建在八达岭上的长城，极目远望，山峦起伏，雄沉刚劲的北方山势，尽收眼底，长城因山势而雄伟，山势因长城更加壮丽。

清人沈用济诗云："策马出居庸，盘回上碧峰。坐窥京邑尽，行绕塞垣重。夕照沉千帐，寒声折万松。回瞻陵寝地，云气总成龙。"

有人说八达岭原本称为"把鞑岭"，原因是明长城的修建主要是为了防止鞑靼对边境的侵袭，还有人说由于这里南面通向南口、昌平、北京，北面通向延庆、永宁，西面通向沙城、宣化、张家口，道路四通八达，所以叫作八达岭。不管从地理位置还是军事目的来分析，这里都是守卫国家的险要之地。八达岭成为军事战略要地，可追溯到春秋战国。据《史记》的记载和近年来考古工作者的普查，八达岭一带在战国时期就筑有长城，今仍可见残墙、墩台遗存，其走向与今明长城基本一致。秦始皇东临碣石后，就是从八达岭取道大同，再返回国都咸阳。汉代有设军都、居庸两座关城的记载，汉武帝时将妫川置居庸县，有专家认为汉置居庸关，关址就在八达岭。北魏《水经注》说："居庸关在居庸界，故关名也，南则绝谷，垒石为关址，崇墉峻壁，非轻功可举……其水历山南，迳军都界……"它所记载的关址地形地貌和山水流势，与八达岭的地理环境是一致的。明隆庆三年（1569 年）至万历十年（1582 年）在各口修建障塞，并在各口两侧的山上建起边城、梢墙、挡马墙等，后来逐渐扩建为长城，并修筑敌楼、墩台。八达岭两山夹峙，中通一径，在岭口之间有一个小关城，关城为一个不规则的四方形，东西两面各有关门一座，东门题额曰："居庸外镇"，西门题额曰"北门锁钥"。在长城的布局上，八达岭一带的长城仍属内长城，八达岭关城属于"内口"，在张家口、万全、赤城、阳高一带还有一道长城，当时的九镇之一的宣府镇也设在八达岭以外的宣化，在八达岭上我们还可以看见距离不远的地方又有一道重城和烟墩遗址，表明了长城是重重设防的部署。因为八达岭的地势险峻，守备森严，因而古时作战于此强攻而胜的极少，大多数是绕道从南口前后夹击，巧夺居庸关，之后进攻北京。明朝崇祯十七年（1644 年）三月，李

八达岭长城

自成领导的农民起义军攻下宣府之后，兵进居庸关，来到八达岭下，多日强攻不下，于是便改变战略，分兵攻打防守较弱、地形次险的柳沟，绕出居庸之南，从南口夹攻居庸关，这才巧取得胜。

八达岭长城城墙全长3741米，高大坚固，敌楼汇集，城墙伴着山峰的走势，蜿蜒起伏，如巨龙盘绕，加上这里的自然景观也很引人注目，春夏秋冬都有佳境，春花铺锦，夏翠叠云，秋林浓染，冬岭雪莽，从古至今吸引了数不清的登临者。八达岭保存了原来关沟七十二景中的“望京石”和“天险留题”。在居庸外镇关门前面的大道南侧静静伫立几块巨大的天然岩石，上刻“望京石”三字，天空放晴，万里无云时，人们站在石上可以远望北京。“居庸叠翠”之景也仿佛在眼前。在居庸外镇内侧，沿公路而下约一里的山崖上，有一处用人工凿平的崖壁上刻着“天险”二字，明代诗人熊伟过此处有感：“过尽重关更上山，上山又过一重关。从来漫说金城险，到此休说蜀道难。”

在那些民族纷争、金戈铁马的岁月，八达岭长城上，更是历经无数次惊心动魄的战役，轻抚城墙砖瓦，恍若置身古战场，领略无数爱国将士的英姿，徒增许多感慨。而今，2000年的历史诸侯争霸、朝代更迭的陈年旧事，都已成过眼烟云，时代赋予了八达岭长城新的使命。它像一座宝贵的历史丰碑，矗立在万山之巅，闪烁着中华民族文明和智慧的奕奕神采，也彰显出中华民族坚韧不屈、百折不挠的伟大品质和精神，成为联系我国各族人民、海外侨胞、国际友人的友谊纽带。它是人类珍贵的文化遗产。1961年，国务院确定八达岭关城和城墙为全国重点文物保护单位。1987年，联合国将万里长城列为“世界文化遗产”。1991年8月，八达岭作为万里长城的精华，接受了联合国教科文组织颁发的人类文化遗产证书。

东控紫荆，西辖雁门——平型关

平型关是长城的一个重要关口，坐落在山西繁峙县东北边界，也叫平形关，西去雁门关115千米。平型关自古以来均为军事交通要道。据《读史方舆纪要》载："东控紫荆，西辖雁门，与团城子堡分管内边百二十四里。嘉靖年间，每由此入犯繁峙、代州。"在平型关西两山之间的缓坡地段，建有一座小关城。这是明代正德六年（1511 年）修筑的。万历九年（1581 年）增修。繁峙县通往灵丘的要道从关城中间穿过，城内匾额上书"平型关"三字。关城两侧山势险要，长城蜿蜒起伏。举世闻名的平型关大捷就发生在这里。

长城由平型关向南延伸，到了山西省平定县和河北省交界处，著名的娘子关便坐落在这里。娘子关距县城 45 千米，地处冀晋咽喉，是太行山上的著名关隘。它居于山腰中间，临桃河，靠绵山，陡壁如削，奇峰突起，地势险要，易守难攻，因此有"三晋门户""万里长城第九关"之称。

雄关百二谁为最——娘子关

娘子关关城有东、南两门，南门嵯峨雄伟，危楼高耸，门额书写"京畿藩屏"四个大字；东门为上关，镌有"娘子关"横额。逶迤壮观的长城，与关城相连，构成了严密的防御体系。城楼的青石柱上，镌刻着两副别致的楹联。一副是"雄关百二谁为最，要路三千此并名"。另一副上联为"楼头古戍楼边塞"；下联为"城外青山城外河"。此楹联道出了娘子关之奇特，城堡之险峻。娘子关原名苇泽关，因唐朝初年，高祖李渊的三女儿平阳公主曾率兵数万驻守此地，被时人称为"娘子军"，所以其防地也就被称为"娘子关"了。

据史书记载，平阳公主嫁给镇军大将军柴绍，她手不离弓箭，身不离宝刀，武艺高强，谙习征战，李渊因功封她为平阳公主。后驻兵娘子关，防守谨严，使险关固若金汤，威慑敌军不敢跨越太行。现在，娘子关一带还有许多与平阳公主有关的历史遗迹。南门上的"宿将台"、桃河对岸的"点将台"、绵山顶的"避暑亭"等，相传这些都是当年平阳公主修建的。还有一个长年流水不断、清澈见底的水潭，人称"平阳公主洗脸盆"。另外，关城下边还有飞泉多处，较有名的是"水帘洞"，方圆丈余，泉涌如柱，水如碧玉。这股泉水从山上飞流而下，形成瀑布，在太阳的照射下，有时还会出现瑰丽的彩虹，为古老的要塞增添了诗情画意。

长风几万里——玉门关

玉门关为汉武帝时设置，因西域输入和阗玉石取道于此而得名。故址在今甘肃敦煌的西北方向约40千米的小方盘城，现存的玉门关古城堡被沙阜环绕着，它的北面为北山，北山南侧为疏勒河下游。在古城堡北墙外边数十米处有一碱湖，汉代长城由此横向西北。玉门关的城堡呈方形，均为黄土夯筑而成。四垣完整，东西长24米，南北宽26米，垣高9.7米。堡西、北各有一门，总面积630余平方米。在汉代，为都尉的治所，是中国通往西域的重要交通孔道。对中国的对外交通、文化、经济交流都起过极为重要的作用。唐代诗人王之涣的“羌笛何须怨杨柳，春风不度玉门关”，李白的“长风几万里，吹度玉门关”的千古绝唱，使玉门关声誉远播。

汉代，在玉门关这条古道上，在玉门关的关前关后，曾发生过许多可歌可泣的故事。汉太初元年（公元前104年），贰师将军李广利率6000余骑、带数万之众，攻打远在葱岭西面的大宛国，一路上经过很多国家，但无一例外都严守城门不愿意给李广利提供任何帮助，强攻也不可得。汉军只好一路征战，等大军到了大宛东界时，已成只有数千人的疲惫之师。李广利自忖无法取胜，与左右商议，决定班师回国，待回到敦煌时，因劳师远征，路途艰难，无数士兵都丧失性命。李广利上书给朝廷说，道路太远，缺乏粮食，士兵不害怕战争但不能挨饿，且人少，不足以去取大宛。建议暂且罢兵，以后招募人马再次西进。汉武帝大怒，派人严守玉门关。并下令说，若是有一军卒敢进入玉门

玉门关遗址

关，立即斩首。李广利甚为恐惧，只得留守敦煌。对此，宋代女诗人张玉娘为此鸣不平，有诗曰：“为国劳戎事，迢迢出玉关。虎帐春风远，铠甲清霜寒。”

东汉永平十六年（公元73年），班超出使西域，在西域生活了31年。当他70岁的时候，上书请求返回内地，他说，尽管不敢希望能够到达酒泉郡，但愿生入玉门关。可见当时人是把玉门关视为内地家乡强有力的象征的。唐代诗人戴叔伦对此似乎境界更高，有诗云：“愿将此身长报国，何须生入玉门关。”其报效国家的意志更为人所称赞。

公元2世纪，波斯王子安世从这里东往洛阳。三国时，跋涉在这里的还有我国第一个西去求法的僧人朱士行。玉门关除使者、官吏、将士、僧侣外，还有商贾、驼队马帮，构成了一幅壮观的瀚海行旅图。

在玉门关东面约20千米的地方，汉时建有大方盘城，这是汉至魏晋时期我国西部防线储备粮秣的军需仓库，供应玉门关一带官兵的食用。古城坐落在高出河床2米许的自然土台上，呈长方形，坐北向南，夯土板筑，东西长132米，南北宽17米，残垣最高处6.7米。在大方盘城的正南面长城内侧3米处，是汉代的烽燧，叫“玉门千秋燧”，系石夹红柳筑成，残垣高约9米。

在玉门关附近，出土了许多有价值的文物，例如毛笔、砚台、织锦、狩猎工具、生产用具和武器等，目前国内出土的第4块西汉纸，就是在这里发现的，它早于蔡伦造纸100多年。尤其值得一提的是，这里出土了大量内容丰富的汉简，有诏书、奏记、檄文、律令、药方等。许多汉简上都记有年号，最早的为西汉“本始三年”（公元前71年），最晚的为“地皇二年”（公元21年）。还分别有“玉门都尉”“酒泉玉门都尉”“玉门千秋燧”字样的汉简。这一大批文物，对研究汉代近百年的边塞屯戍、生活、经济、文化、外交和各种制度，提供了珍贵的史料。

古时，“春风不度玉门关”，今朝春风已过玉门关。在古丝绸之路上享有盛誉的玉门关，今天将为沟通各国往来谱写新的篇章。

知识链接

西出阳关无故人

距离甘肃敦煌市西南方向约70千米处就是阳关，是中原与西域交通要道的重要关口，同样是古丝绸之路必经的关隘。因位于玉门关之南而被叫作阳关。阳关故址在今甘肃省最西部，差不多与新疆交界的地方。汉代在此置关，它的西边就是荒漠戈壁，除了古丝绸之路上有往来之人外，别的地方极少有人烟出没。因此，唐代著名诗人王维曾有“劝君更进一杯酒，西出阳关无故人”的诗句。

现经考古发掘出的阳关遗址，面积达到上万平方米，房屋排列整齐，城堡墙基依然存在。阳关西边，有数道高大的沙梁蜿蜒纵横，沙土发白，那便是史书上鼎鼎大名的白龙堆。它从此处一直漫延到罗布泊的东面，因为蜿蜒曲折像龙形而称之为白龙堆。阳关建置以后，因为位于古丝绸道路上，可以说是当时世界上最繁忙的大道。路面宽36丈，我们常说的“阳关大道”谚语即来源于此。汉唐时，从国都长安（今西安）出发到阳关，大概至少需要两个月时间，再从此向西到西域各国。

从阳关到罗布泊那起伏的沙丘间，可以看到许多断壁残垣和汉代的灰色碎陶片，当地人把这个古关遗址叫作“古董滩”。从这里还可拾到箭头、残刀和铜钱等，那便是古代时这里繁华集市贸易交流的见证。今天，那兴盛千余年的阳关失去了它往日的辉煌，被茫茫的黄沙所掩盖。三面沙梁环抱，一望无际。阳关古城东面为农田，远处有寿昌城遗址。北面墩墩山上有一汉代烽燧，保存完好。东为红山口。西有南北走向的深沟，长20多米，沟中泉水涓涓，尝起来甘冽可口，两岸有汉墓多座。阳关故城和那众多的古遗址，吸引着数以万计的中外游人，到此访古探胜，重温丝绸之路的缕缕温馨。

天下雄关——嘉峪关

明朝万里长城西端的军事要塞就是嘉峪关，它坐落在甘肃省河西走廊西部，因位于嘉峪山麓而得名。东距嘉峪关市仅7千米，而嘉峪关市也因嘉峪关而得名。

嘉峪关关城始建于明洪武五年（1372年），是由征西将军冯胜策划建筑而成，距今已有600余年的历史了。嘉峪关南面为冰雪皑皑、绵亘千里的祁连山，北面为雄踞河西的龙首山、马鬃山，形势险要，自古为兵家必争之地。

由于当地干燥的戈壁沙漠气候，早期的夯土关城迄今犹存。城墙呈梯形，周长733米，高10米，全城面积为33500平方米。该关城在明朝初期建成之后，于弘治（1488—1505年）、正德（1506—1521年）时期，明朝的甘肃守军曾数次加固、增建关城。特别是嘉靖十八年至二十年（1539—1541年）又进行了大规模的修缮和扩建，终于形成了一座布局严谨、建筑恢宏的军事要塞。今天看到的嘉峪关，由内城、瓮城、罗城、外城和城壕五部分构建而成，是一座规模宏大的建筑群。

嘉峪关内城略呈方形。城的四角都建有角楼，东墙上中间部分的巨大城台下开有光化门（东门），城台之上矗立着光化门城楼，分作三层，雕梁画栋，油漆一新的朱色大木柱格外引人注意。光化门外是一小瓮城，瓮城南墙正中开有一门，方便人们出入关门，门上墙顶建一小门楼。在瓮城之外，便是嘉峪关罗城。它的平面略呈向东张开的梯形。罗城东墙北段开一闸门，当作关城东面的出入口，上有小门楼。罗城东北、东南两隅各有一角台，东北隅角台是关城和关北长城的结合部。罗城的南、北两墙伸达内城的东北、东南两角台的外侧，向内城转折，各以90°角与内城的南墙和北墙相交于两角台两侧。内城的南墙、北墙正中各建立一座敌台及敌楼。西墙正中间是嘉峪关内城的柔远门（西门），门外也有一小瓮城，其形制与光化门一样。

在内城的光化门和柔远门城台北侧，各建造一条登城马道。顺着登城马道一直向上到达内城城顶，可以清楚地观测到嘉峪关的外城从西、南北三面守护着内城。外城西墙中段因西瓮城而向外凸出，在凸出墙体正中城台下开有嘉峪关正门，门洞上镶嵌着“嘉峪关”三个大字的匾额。外城的西南隅角台东侧，就是嘉峪关同关南长城的交汇处。在外城和罗城之外，有一道深阔的壕堑环绕。嘉峪关正门以西数百米的戈壁滩上，竖立着一通石碑，上面镌刻“天下雄关”四个苍劲大字。

嘉峪关关城，城外有城，重关重城，起到了层层防御的作用。这样巨大的工程建筑，有传说称在当年修建嘉峪关时，有一位高超的建筑师用料计算出神，施工完毕仅留一砖。这块砖如今存放在西瓮城门楼后之上。

除此以外，在嘉峪关西门外罗城拐角的地方，若是游人以石相击，便可以听到一种类似燕子鸣叫的唧唧音。这便是人们所说的“击石燕鸣”，为肃州八景之一。这是罗城建筑及其布局产生的一种奇异效果。罗城的城墙下大上小，形成一个向天开放的天然喇叭，越到拐角处，这种喇叭的形状越是凸显。加上城墙完整，城砖质量高，声音反射强，在拐角处以石相击，便可以听到这种美妙的声音。

在嘉峪关附近还存在关南、关北和关东长城。关南长城自嘉峪关外城的西南隅角台东侧起，向南延伸至嘉峪山原，越过戈壁滩，抵讨赖河北岸，长达7.5千米，全部用夯土修筑而成。沿线置立4座墩台，现存高度8～16米，间距约2千米。在讨赖河北岸的山崖上有1座墩台，长、宽各14.5米，残高7米，黄土夹沙夯筑，为明嘉靖十八年（1539年）兵备道李涵监筑。墩台在82米的高崖上默默耸立，下为讨赖河的急流险滩，墩台居高临下，地势又极为险要，今人将之叫作“万里长城第一墩”。长城过讨赖河，逾文殊山，进入肃南县境的祁连山区，然后以山为障，加以铲

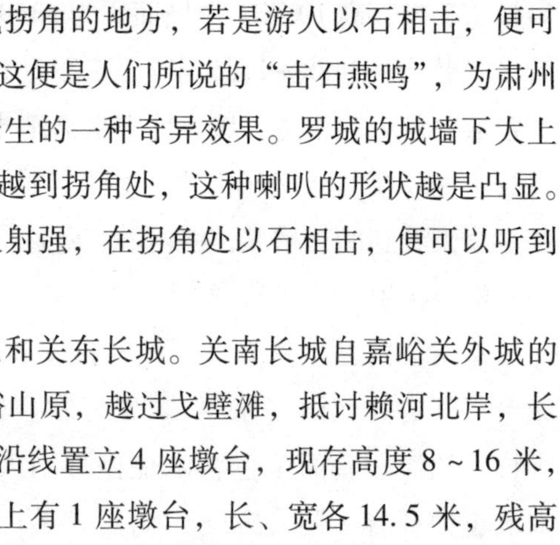

嘉峪关

削，呈南偏西方向延伸到卯来泉堡西南的肠子沟红泉墩而上。长城从讨赖河南岸到红泉墩，长 45 千米，沿线配置了十几座墩台，依山起伏，彼此呼应，非常壮观。卯来泉堡遗址位于今肃南县祁丰乡堡子滩村，是明万里长城最西端的屯兵城堡。明万里长城的最西端则是红泉墩。

关北长城，自嘉峪关罗城的东北隅角台起，呈西北走向循一道高阜延伸 7.5 千米，终止于黑山石关峡口北侧的山腰，封锁了黑山东坡诸沟。明代为加强对石关峡的防守，又在峡口南侧山坡夯筑一段 750 米的支线城墙。石关峡口北侧的黑山东坡，有一段“悬壁长城”。这段长城为明嘉靖十九年（1540 年）兵备道李涵监筑。原有 1.5 千米为片石夹土墙。现只留遗址一截，底宽 4 米，上宽 4 米，高 0.5 ~ 6 米不等，片石层厚 10 ~ 15 厘米，土层厚10 ~ 12厘米。悬挂山腰的一段黄土夯筑墙，宽 48 厘米，高 30 厘米。1987 年重修，长 500 米，其中 231 米长筑于山坡上，底宽 4 米，上宽 2 米，高 6 米，片石、土层厚如旧。在墙头增筑垛墙和宇墙，首尾各添筑一墩台，在首墩和山坡上筑台阶式马道。游人拾级而上，险峻处如攀绝壁。修于山坡上那 231 米的长城，其山的高度就有 150 米，山脊的倾斜度为 45°，故今人命名为“悬壁长城”，赞其为“万里长城万里关，迭嶂黑山暗壁悬”的佳景，吸引着越来越多的中外游客。

关东长城在嘉峪关西北的 2.5 千米处与关北长城呈“丁”字形交接。交接点西侧 200 米处一个低山丘上，耸立着一座墩台，叫长城起墩。关东长城就从起墩台东面的交接点伸往东北方的新城乡野麻湾，再转向东南伸出嘉峪关市的管区，长 40 余千米。该段长城沿线有 9 座墩台。嘉峪关附近的附墙墩台建置还有一个特点，就是均附筑于长城内壁面，这与其他地区附墙墩建于长城外壁面的布局截然相反，这是耐人寻味的。

知识链接

嘉峪关一带的古战场

历史上好几个著名的古战场就在嘉峪关一带。例如明正德十一年(1516 年)，吐鲁番军队侵入嘉峪关，肃州遭到团团围攻，大肆抢掠一空才离去。嘉靖三年（1524 年），再次入侵嘉峪关，不久被明军击退。后因吐鲁番贵族数次进攻边境地区百姓，明皇帝决定“闭关绝其贡”，把嘉峪关之外的地方统统舍去。嘉峪关以西是一片戈壁沙漠，凄楚荒凉。因而有“一出嘉峪关，两眼泪不干”的谚语，道出了古时出关者的悲伤心情。古代大多数人认为只要出了嘉峪关便生死难料，所以，在嘉峪关送别的亲人总是伤心落泪。清末民族英雄林则徐因禁烟被昏聩的清政府贬赴新疆，在路过嘉峪关时曾咏叹道：“严关百尺界西天，万里征人驱马蹄。飞阁遥来秦树道，缭垣斜压陇云低。天山巉峭摩肩立，瀚海苍茫入望迷。谁道崤函千古险，回看只是一丸泥。”如今的嘉峪关，已列入国家级文物重点保护单位，几经修复，成为供游人欣赏的著名胜景。

第五章

长城趣味故事

中国的长城跨越黄河南北，蜿蜒于千里大漠戈壁，盘旋在奇峰峻岭之巅，绵延于万里草原，气势宏伟，被视作中华民族不屈精神和勤劳、勇敢、智慧的象征。它被列为世界文化遗产，是举世瞩目的全人类古代文明的代表。因此，大多数中国人心中都有一种浓郁的长城情结。

第一节 长城攻防趣话

蒙恬北击匈奴趣话

蒙恬（？—公元前210年），秦朝著名将领，祖籍齐国，其祖父蒙骜、父蒙武均为秦朝将领。少年时代曾学习狱法，后担任狱官，掌管典籍。秦始皇二十六年（公元前221年），随秦大将军王贲攻打齐国，因战功被封为内史。

秦朝初期，秦竭尽全力同六国作战，无暇顾及边境守备。匈奴单于头曼趁机东破东胡，西逐月氏，进而翻过阴山，越长城，跨黄河，侵占河套地域，以及云中（治所今内蒙古托克托）、九原（治所今内蒙古包头市西）、上郡（治所今陕西榆林东南）、北地（治所今甘肃庆阳西南）、陇西（治所今甘肃临洮南）诸郡之边地，肆意掳掠。匈奴主力20余万人驻于阴山西部和贺兰山北部地区，对秦都咸阳和关中地区构成极大威胁。

秦始皇在灭六国统一中原之后，于始皇三十二年（公元前215年）东临碣石（今河北秦皇岛），巡北边，也正由于这次巡边坚定了秦始皇北逐匈奴的决心。经过精心准备，始皇三十二年（公元前215年）秋，蒙恬奉秦始皇之命，率30万大军北征匈奴。

蒙恬亲率主力军由上郡经榆林进至河套北部，一部军由北地郡经萧关进至河套南部。两军沿途驱逐匈奴散布的部落，未遇到匈奴方面的重大抵抗。初冬，两军进入河套地区，匈奴部落渡河逃向西北方，河套地区基本收复。

蒙恬于是驻军于河南地界过冬，准备来年再战。

始皇三十三年（公元前214年）初春，蒙恬率军渡过黄河，攻占高阙（今内蒙古杭锦后旗东北，阴山山脉至此中断）、阳山（今内蒙古狼山）及阴山山脉与黄河之间地域，另以一部分军队西渡黄河，攻占贺兰山地区。匈奴部落慑于秦兵之威，远遁北方350千米，原秦、赵两国被匈奴侵占之地全部收复。

北逐匈奴战事之后，蒙恬仍驻扎上郡，就地督建长城，以防匈奴再来侵扰。蒙恬一面督促各郡修复原燕、赵两国东起辽东、西至高阙之长城，一面指挥所率大军新建高阙至临洮之长城。由于新旧长城连在一起，绵亘万余里，形成一道北御匈奴的坚固防线，加之蒙恬率兵镇守，使匈奴数年不敢再来犯边。

然而，蒙恬北击匈奴的战功并没有改变他悲剧的命运。始皇三十七年（前210年），蒙恬被中书令赵高诬陷，被秦二世胡亥赐死，遂服毒自杀。

卫青霍去病北伐匈奴故事

从周秦开始，匈奴进攻中原，他们的入侵给中原民众带来了极大痛苦，公元前200年冬天，汉高祖刘邦率领32万大军回击匈奴的入侵，却被匈奴的

狼居胥

40万骑兵包围在平城白登山中。后来靠贿赂冒顿单于的阏氏（王后），刘邦才逃回军中。自此之后，汉王朝几代君主，每年向匈奴主纳贡。后来的汉武帝，为了改变这种被动挨打的局面，决心发兵反击匈奴。

在这样的背景下，卫青和霍去病反击匈奴的战争中发挥了重大的作用，并取得了胜利。卫青和霍去病都是西汉杰出的将领。汉武帝北伐匈奴，完全是出于自卫的需要，本意并不是派出大军去开拓疆土。元朔二年（公元前127年），匈奴从东北入侵，杀死汉辽西太守，掠夺渔阳郡2000人。武帝拜卫青为将，卫青率兵绕过敌后，横扫河套南部直到陇西，驱逐匈奴白羊、楼烦王，占领了河套南部。当年蒙恬占领河套南部的战略方针也是采取这一计策。只是卫青并非从正面向北推进，而是绕出敌后，悄无声息。收复河套以南地区，之后，汉武帝采纳主父偃的建议，在那里修建朔方郡。卫青派苏建率领10万人兴建朔方城，大力修缮蒙恬时期建筑的长城要塞，并移民10万，充实新区。这项措施，使河套以南长城又恢复了它的防御作用，在汉代长城史翻开重要的一页。

匈奴右贤王对战略要地数次派兵争夺。元朔五年（公元前124年），卫青率领苏建等6位将领带兵十余万出高阙，深入六七百里，出其不意地将右贤王包抄。右贤王逃走，这是汉军在汉匈交战中第一次大胜，因为这次胜利卫青被封为大将军。这次战役的重大胜利，不仅恢复了汉王朝在河套南部战略要地的统治，而且构成了以河套长城为主的抗击匈奴的前线基地。

元狩二年（公元前121年）春，为了打通西域大道，维护汉朝西北边城的安全，汉武帝命令骠骑将军霍去病率领万余骑，进军河西。霍去病统军由陇西郡出发，穿过焉支山（今甘肃山丹南），转战5个匈奴小国，斩杀千余敌人。同年，又率军数万骑，再次西征，采取迂回突袭的战略计策，由北地，经富平沿黄河北进，进至朔方郡窳浑境内时，突然挥师转向西北，沿弱水西南，迂回至祁连山一带（今甘肃张掖西），深入匈奴腹地1000余千米，歼灭匈奴3万余人。匈奴单于因浑邪王、休屠王作战不力，企图诛杀他们，二王一起协商归降汉朝。霍去病率军迎接，浑邪王杀了休屠王，合并其部，共计4万余人归降。自此以后，汉朝在该地区设置酒泉、武威、张掖、敦煌4郡，控制了河西地区，并开始修筑河西长城。霍去病因此更蒙圣宠。元狩四年

（公元前119年）春，霍去病与卫青奉命各带5万骑，分兵两路向漠北消灭匈奴主力。霍去病率东路军与左贤王部遭遇。他指挥汉军奋力迎战，夺取匈奴的指挥旗鼓，匈奴兵大败溃逃。霍去病领兵乘胜追击，后斩杀7万余人。

卫青出定襄，过长城，深入漠北，行程超过千里。单于结阵以待，卫青用兵车环绕为营，扎住阵脚，然后，遣5000骑迎战单于派遣的万骑，双方激战至傍晚仍未停歇。卫青乘机指挥两支骑兵从左右两侧包围单于，匈奴兵大乱，单于自料难以取胜，于是率领数百轻骑兵突围。卫青紧追不放，追至阗颜山赵信城，歼灭匈奴近2万人，烧毁匈奴积聚而还。这次战役以后，匈奴一蹶不振，日渐衰落。卫青与霍去病因功同被升任为大司马。

匈奴经受几次重大打击，和汉区距离更远，沙漠以南不再出现他们的政权中心，西汉建朝以来近百年的边患基本解除。这为汉匈联姻、长城内外和平安宁的局面创造了条件。

隋北击突厥之战

突厥是中国北方少数民族之一，居于漠北（今蒙古高原大沙漠以北地区），北齐、北周时国势强盛。北周末年，突厥由于内部矛盾激化，分裂为五大部，当时沙钵略可汗娶了北周千金公主为妻。在隋朝取代北周后，沙钵略可汗在隋开皇元年（581年），以为北周复仇作借口，联合前北齐营州刺史高宝宁强占了隋长城要塞临渝镇（今山海关）。面对突厥严重的军事威胁，隋文帝重新确立了北攻南和、先北后南的战略方针，采取发动兵民在与突厥交界的边塞增筑亭障、加固长城的措施，并在幽州（今北京）、并州（今山西太原南）屯兵数万加强防守。同时采纳奉车都尉长孙晟提出的远交近攻、离强合弱的建议，使各大可汗彼此孤立，势力减弱。

隋开皇二年（582年）五月，沙钵略可汗联合其他可汗率40万大军攻入长城，分道南进，高宝宁大军攻打平州（今河北卢龙）。十二月，突厥军在击败乙弗泊（今青海乐都西）、临洮（今甘肃岷县）和幽州等地隋军后，分别进军武威（今属甘肃）、金城（今甘肃兰州）、天水（今属甘肃）、延安（今

开明圣主——杨坚

陕西延安北）等地，对这些地点大肆掠夺后出长城收兵。隋开皇三年（583年）春，突厥各可汗联合起来进攻长城。四月，隋文帝决定反击突厥军，命令卫王杨爽为行军元帅，率领20万隋军分八道反击突厥各部。杨爽率领主力部队与沙钵略可汗大军相遇。杨爽采纳总管李充的计谋，趁沙钵略可汗因胜轻敌的心态，派李彻、李充率领5000精骑对其突袭得胜，并俘虏了1000余人，沙钵略大败而逃。河间王杨弘率领步骑数万出灵州（今宁夏灵武西南），再次击败突厥军另一部，歼灭突厥军数千人。幽州总管阴寿率步骑数万出卢龙塞（今河北喜峰口），大败高宝宁部，收复了和龙（今辽宁朝阳）地区。五月，秦州总管窦荣定率领步骑3万出凉州（治所今甘肃武威），在高越原（今甘肃武威西北）击败突厥大逻便可汗部。六月中旬，上柱国、幽州总管李崇率步骑兵3000，迎战企图袭掠幽州的突厥军，转战十余日，后来李崇本人及其部下尽管伤亡殆尽，但仍重创突厥军，保卫了幽州。七月，杨坚命豫州刺史周摇为幽州总管而出镇幽州。八月十六日，杨坚又遣尚书左仆射高颖出宁州、内史监虞庆则出原州“以击突厥”。自此以后，隋军对突厥的反击作战最终胜利。这次对突厥的反击作战，隋军大获胜利，使突厥各可汗内部矛盾加剧。隋利用各可汗的内部矛盾，坐收渔人之利，陆续收降了沙钵略、阿波和达头等可汗。从此，北部边境获得安定，为隋南下灭陈解除了后顾之忧。

袁崇焕与宁远大捷

袁崇焕（1584—1630），明朝军事家。广西藤县人，祖籍广东东莞。骁勇善战，好议兵事。万历四十七年（1619年）进士，熟知塞上险要，并以边才引以为傲。天启二年（1622 年），因为通晓兵书战策，被举荐为兵部职方主事。闻听后金军攻占辽西重镇广宁（今辽宁北镇），他独自骑马出山海关巡察形势，对如何抵御后金，成竹在胸，返回朝廷后，主动请命守卫广宁，受到明廷的赏识，提升为佥事，监督山海关外诸军事。

在主持宁锦防务期间，袁崇焕劳绩卓著，立下战功无数。宁远之战大败努尔哈赤，使其负伤而逃，后又多次重创皇太极，不愧为明朝晚期智勇双全的将领。

明朝天启元年（1621 年）正月，宁远城守将袁崇焕指挥军民击败后金汗努尔哈赤的一次城市守卫战，历史上称之为“宁远大捷”。

天启元年（1621 年）春天，后金汗努尔哈赤领兵攻占辽阳、沈阳。天启二年（1622 年），一路顺利攻克明朝的辽西重镇广宁城（今辽宁北镇）等 40 余座城堡，并企图攻占山海关。在面对努尔哈赤的猛烈攻势时，袁崇焕提出若保关内，必守关外，若守关外，必守宁远的积极方略。袁崇焕的主张得到兵部尚书孙承宗的赏识。孙承宗认为，宁远城就是山海关的天然重关。没多久，朝廷以孙承宗取代王在晋任辽东经略。

天启三年（1623 年）九月，孙承宗命令袁崇焕与副总兵满桂，率领大军进驻宁远。袁崇焕得令后抓紧一切时间修筑城池，并亲自规定，城“高三丈三尺，雉高六尺，址广三丈，上二丈四尺”，在城的四角部建三面突出的城墙，还建成“形如长爪，以自相救”的方形敌台。与此同时，他又制定并实行了多种举措，使宁远成为扼守通向关内的军事要塞。

天启五年（1625 年），袁崇焕遵孙承宗之命，把宁远作为根据地，挥军东进，收复许多国家城镇，并在这些地区修城筑堡，派重兵守卫，作为宁远的前方屏障。同一时期，后金军队不敢轻易越过辽河进犯明军。同年十月，孙承宗遭阉党诬陷被免职，由高第接任。高第无能，下令收兵退守。袁崇焕拒不从命，坚守宁远。

天启六年（1626 年）正月，努尔哈赤乘辽东明军易帅和撤军之机，决意先取宁远，再进军山海关。十四日，努尔哈赤亲率 13 万大军南下，十七日渡过辽河，“于旷野布兵，南至海岸，北越广宁大路，前后如流，首尾不见，旌

明长城

旗剑戟如林”。后金攻城陷地，而新任辽东经略高第和总兵杨麒袖手旁观，拥兵不救，使宁远处于孤军无援的境地。

面对努尔哈赤咄咄逼人的气势，袁崇焕临危不惧，镇定自若，召集将士刺血为书，誓与宁远共存亡。他采取坚壁清野的方略，让城外百姓尽数迁入城中，烧毁城外的房屋、柴草，后金军队被迫暴露在荒郊野外。时逢严冬，金军饥寒交加，战斗力锐减。袁崇焕命令满桂、左辅、祖大寿、朱梅四员大将分守各门，城上支起红衣大炮 11 门；城内组织联防，缉查奸细，并通告全军：勇敢杀敌者奖，临阵逃脱者杀。

二十三日，金军包围宁远，靠近城邑安营布阵，切断宁远通往山海关的联系。努尔哈赤令宁远城孤援绝后遣使劝降。袁崇焕严词拒绝，指挥军民凭借坚城大炮打退金兵的多次进攻。二十四日，努尔哈赤依然攻城失败。努尔哈赤见西南攻打不下，便移兵猛攻南门。金兵以车板作掩护，向城下推进，凿挖城墙，由于城上炮火顾及不到城脚，有三四处城墙被掘开。在此危急时刻，袁崇焕挺身而出，抢堵决口，不幸中矢负伤。他坚持带伤作战，全军为

宁远古城

之感动。战至深夜，努尔哈赤见一时难以取胜，下令收兵后撤。袁崇焕趁机选派勇士，顺城而下，放火烧毁战车。

二十五日，后金再次攻城，又遭重创，血流遍地，尸体成堆，金兵畏惧炮火，不敢靠近，某将只好持刀驱赶，仅至城下抢走尸体而逃。二十六日，努尔哈赤在深沟高垒面前，一筹莫展，智穷力竭。金兵连日苦战，死伤逾万，攻城不下，被迫解围退军，这次战役努尔哈赤身负重伤，由此气郁于心。

此次宁远大捷，杀伤金兵 1.7 万人，保卫了山海关长城一线的安全，挫败了努尔哈赤夺取辽西和山海关要隘的企图，明军获得与后金交战以来的首次胜利。袁崇焕因功绩显著，升右佥都御史，同年三月，继升辽东巡抚，又加兵部右侍郎。天启七年（1627 年），袁崇焕采取“用辽人守辽土，且守且战，且筑且屯”的策略，步步为营，重建宁锦防线。

李自成山海关大战

明崇祯十七年（1644 年），李自成领导的农民起义军在西安建立政权，国号大顺。时隔不久，他亲率大军东渡黄河，攻入北京。崇祯皇帝自缢身亡。

山海关

李自成的农民军遂占领了北京。

当时，只有山海关一座孤城仍顽强抵抗，于是李自成利用吴三桂的父亲劝降，并对其承诺封官赏银。吴三桂权衡之下，决定归降农民军。他率大军入京谒见李自成的路上，行至永平（今河北卢龙县）时，遇到了从北京逃出的家人，从家人口中得知，在京城被扣押的父亲吴襄被农民军拘禁、拷打，他的爱妾陈圆圆也被李自成手下的大将刘宗敏抢占。事到如今，吴三桂闻听父亲受辱，爱妾被夺，不禁勃然大怒。当即率领大军回到山海关，加紧操练兵马，并扯起为崇祯皇帝报仇的旗号，发誓与李自成的农民军决一死战。李自成得知吴三桂变卦之后大怒，亲率 10 万大军于公元 1644 年 4 月 13 日进攻山海关。吴三桂自知以山海关一座孤城，无法抵挡李自成的 10 万大军。于是他派人致书清摄政王多尔衮，甘愿献关投降。多尔衮闻言大喜，因为山海关地势险要，易守难攻，向有“两京锁钥无双地，万里长城第一关”之称，清兵一直久攻不下。如今吴三桂主动来降，当即下令清兵急进山海关。

4 月 21 日，多尔衮率清军抵达山海关城外 7.5 千米处。4 月 22 日，李自成率农民军与吴三桂在山海关城西的石河展开决战。吴三桂于城东的欢喜岭上跪迎多尔衮，请清兵入关合战李自成。吴三桂回城后，让多尔衮大军 8 万顺利进入山海关。多尔衮命吴三桂先与李自成交战，而清军则按兵不动，以逸待劳。当天，农民军与吴三桂激战了半日，双方伤亡惨重，疲惫不堪。这时，忽然狂风大作，飞沙走石。多尔衮见时机已到，当即命令英王阿济格、豫王多铎率精兵 2 万，从吴三桂的右翼插入。农民军本已久战，清军突然杀入，农民军立即溃败，李自成见状，率兵先逃，农民军军心涣散，全线崩溃，被清军杀得几乎全军覆没。李自成在败退途中杀掉吴襄以泄战败之恨。后来不知所终。

5 月初，多尔衮率军进驻北京，当年 9 月，顺治帝入关。从此之后，开始了清王朝两百多年的统治。清初诗人吴伟业在《圆圆曲》中讽刺吴三桂“恸哭六军尽缟素，冲冠一怒为红颜”。山海关的石河之战，是农民军由胜转败的

明长城与戚继光像

关键点，也是女真人入主中原的重要性战役，因战争发生的那一年是农历甲申年，所以这场战争又叫作“甲申之战”。据说当年激战时，死伤士兵的鲜血把附近村庄的砖瓦都染红了，所以这个村子就改名为红瓦店，一直沿用至今。离古战场不远处，有一个叫回马寨的地方，据说李自成兵败逃亡至此，慨然叹息，掉转马头而去，所以留下了这个名字。

戚继光与空心敌楼

戚继光的故乡是山东，嘉靖七年（1528 年），他出生于运河与泗水交合的小镇鲁桥，父亲也是一员久经沙场的武将。

嘉靖二十三年（1544 年），戚继光承袭父职，作了登州卫指挥佥事，分管本卫所屯田事务。嘉靖二十七年（1548 年），戚继光奉命率领卫所士卒远戍蓟镇。从这年起，前后 5 年时间，他每年都要到蓟镇长城的一个地方镇守一段时间。这段时期也是明朝北方形势吃紧的时候，俺答部经常出没于河北、山西、陕西长城沿线。嘉靖二十九年（1550 年），明史上有名的庚戌之变发生了。俺答兵围京城，当时戚继光正在京城参加武举会试，他加入了京城保卫战。

嘉靖三十二年（1553 年），戚继光被提升为都指挥佥事，专任山东海上御倭之责。直到隆庆元年（1567 年）才又被调回北方长城防线。不过此时戚继光已在南海御倭的无数战场上，历练成为杰出的军事家了。戚继光到京师后，先被分在神机营任副将。第二年夏天，由于新任蓟辽保定总督谭纶的竭力推荐，戚继光出任蓟镇、昌平、辽东、保定总理练兵事务，后又由他兼任镇守蓟州、永平、山海关等处地方总兵官。戚继光到任后，感到长城防御线存在两个最大的问题：一是无可用之兵；二是蓟镇长城离京师很近。

强劲的军队才是一切的保障。他先从浙江调募来 3000 名抗倭时建立的戚家军。戚家军在倾盆大雨中行进依旧整齐划一。原来驻防于此的守军见状大惊，知道戚继光治军严格，从此谁也不敢以身试法。经过一段时间的训练之后，蓟镇官兵战斗力有了相当大的提高。后来戚继光总结自己在蓟镇练兵的经验，写出了一部很有价值的军事著作《练兵实纪》。

蓟镇长城尽管在嘉靖年间有过几番修葺，但仍旧存在许多致命的漏洞。所以戚继光提出建筑一种新型的敌楼，就是我们今天见到的那种青砖砌成的空心敌楼。

关于空心敌楼的建筑经过、修筑方法和用途等，戚继光在其总结军事经验的《练兵实纪》中记载如下：“先年边城低薄倾圮，间有砖石小台，与墙各峙互不相救。士曝立暑雨霜雪之下，无所借庇。军火器具如临时起发，则运送不前，如收处墙上，则无可藏处。敌势众大，乘高四射，守卒难之。一墙攻溃，相望奔造，大势突入，莫之能御，今建空心敌台，尽将通人马处堵塞。其制：高三四丈不等，周围阔十二丈有十七、八丈不等者。凡冲处数十步或一百步一台，缓处或四五十步，或二百步不等者为一台。两台相应，左右相救，骑墙而立。造台法：下筑基与边墙平，外出一丈四五尺有余，中间空豁，四面箭窗，上建楼橹，环以垛口，内卫战卒，下发火炮，外击敌人。敌矢不能及，敌骑不敢近。”

隆庆三年（1569 年）春天，戚继光开始部队加固城墙和修建空心敌楼的艰苦工程，到隆庆五年（1571 年）全部工程竣工。从这时起，蜿蜒于崇山峻岭之上的长城更加气势如虹，敌楼为长城增添了无限风采。空心敌楼建成之后，戚继光在每座敌楼里，配置了固定的戍卒，每楼 30～50 人，并储有必要的器械、粮柴。1 台设百总 1 人，专管战斗；台头、台副 2 名，专管台内军器，轻重事务。

在修建长城、敌楼的同时，戚继光对军队的整顿丝毫未敢放松。他先创立了车营，修整和配备了新式的、精锐的武器，将一大批不称职的将领撤换掉，并且采用了车、骑、步 3 个兵种相互配合作战的新战术。

戚继光守御长城，毅然摒弃了过去死守城墙的保守主义战略，他认为要能守必先能战，守应以战为基础，因而他更加重视长城的纵深防御。敌军来攻，即便突破攻入城墙防线，但前面等待他们的照样是一个严阵以待的战场，各部分或负责围攻，或负责包抄，或负责扼守、埋伏，都已进入阵地，只等敌兵一到，步兵在战车火器的掩护之下轮番出战，然后骑兵突出，纵横驰骋，这时的长城又成了切断敌军退路的屏障。戚继光在任的 10 年，由于他积极整顿军队和增修长城，加上隆庆四年（1570 年）俺答同明王朝达成的隆庆和议，长城沿线到处是一派和平景象。戚继光也因戍边有功而被晋升为太子太保、左都督，后来又因援战辽东有功而加封为少保。

徐达出兵漠北

元朝被明朝取代后，元朝的残余势力退居漠北，依靠蒙古各部贵族的支持继续维持统治。其中有很大一部分蒙古贵族，总是梦想东山再起，以便重新入主中原。元顺帝的儿子爱猷识里达腊率领元朝的残余势力退到大漠以北的和林（今蒙古国的哈尔和林），仍称元朝国号，经常派兵骚扰掠夺找城沿线的民众。

明朝洪武五年（1372 年），太祖朱元璋为了保境安民，任命徐达为征虏大将军，李文忠、冯胜为左、右副将军，各率 5 万人马分三路远征漠北。

明太祖朱元璋对这次远征尤为重视，在三路大军出发之前，亲自下达战略部署："今出兵三道，大将军由中路出雁门，扬言趋和林而实迟重，致其来袭之，必可破也；左副将军由东路自居庸关出应昌，以掩其不备，必有所获；征西将军由西路出金兰取甘肃，以疑其兵，令虏不知所为，乃善计也，卿等宜益思戒慎，不可轻敌。"徐达等三位大将听从朱元璋的战略部署，各召集本路将领加紧准备，蓄势待发。

仲春二月，徐达率中路大军，由雁门关出长城向北挺进。先锋部队由都督蓝玉指挥，在野马川一带扫清了元朝将领扩廓帖木儿的残兵游骑，紧接着乘胜追击，又在土剌河畔大败元军。扩廓帖木儿故意示人以弱，假装仓皇后撤，企图引诱明军深入漠北腹地，然后设下埋伏，以优势兵力聚而歼之。

威名远扬的大将军徐达，自恃南征北战，所向披靡，元朝的残兵败将在他眼中不值一提，再加上求胜心切，指挥作战就难免有疏漏之处。结果犯了轻敌冒进的错误。当大军到达岭北地区，突然遭到扩廓帖木儿与贺宗哲两股蒙军的合兵伏击，明军惨败，死伤无数。徐达损兵折将，深感愧疚，只好率领残部退守长城沿线。

与中路大军出征的同时，左副将军李文忠率领的东路大军从居庸关出塞北应昌（今内蒙古答剌海子的西岸），后来抵达胪朐河（今克鲁伦河）流域，以此作为根据地，命令部将韩政守卫粮草辎重，自己率领精锐骑兵，每人携

剑门关

带20日粮食，日夜兼程，加速前进。当骑兵部队奔驰到土剌河、阿鲁浑河等地区时，与元军多次战斗，有胜有负。后来又追击到称海，即今天的科布多东南地区时，蒙军已逃之夭夭，东路大军失望而归。

右副将军冯胜所率领的西路大军，五月已出西道抵达西凉（甘肃武威），猛追元军骑兵至永昌，缴获大量的牛马辎重，留下少量部队进行看守，指挥大军向嘉峪关进击。后来元军守将卜颜帖木儿出城投降，冯胜所率大军成为三路大军中唯一大获全胜而归的一路。

明朝这次三路大军远征漠北，其结局却截然不同。主将徐达所率领的中路军，丧师数万，只好引兵退守长城。左副将军李文忠指挥的东路军，劳师动众，毫无所获。唯有右副将军冯胜带领的西路军，一路进击，节节取胜，收复西北边陲许多关隘。

经过这次远征漠北，明太祖朱元璋明白元朝残军势力恐一时难以消灭，遂改攻为守，在北疆的各个军事要塞设置卫所，部署重兵把守，在长城沿线采取长期的防御策略。朱元璋在临终之时还给后代留下了“固其封疆，防其侵轶”的遗训，并且终明一代都得到遵循。

左宗棠出战玉关

左宗棠（1812—1885），字季高，晚清重臣，军事家，政治家，洋务派首领。4 岁随祖父在家中梧塘书塾读书，6 岁开始攻读四书五经，9 岁学作八股文，15 岁参加湘阴县试，名列第一。次年应长沙府试，列第二名。21 岁以监生身份参加湖南乡试，列第十八名。之后 6 年，3 次赴京会试，均未考中。逐渐对仕途心灰意冷。然而 1852 年，当太平天国大军围攻长沙、省城危急之际，经老朋友郭嵩焘、胡林翼引荐，应湖南巡抚张亮基之聘，左宗棠积极投入镇压起义、保卫大清江山的阵营，并彰显其军事才华，使太平军围攻长沙 3 月不下，撤围而去，奠定其辉煌人生的基础。1856 年，左宗棠因接济曾国藩湘军军饷、助湘军夺回武昌有功，被提升为兵部郎中。他在湖南招募 5000 人，组成“楚军”，赴江西、安徽与太平军作战。镇压太平天国运动以后，左宗棠倡议减兵并饷，1866 年上疏奏请设局制造轮船，在福州马尾择址办船厂，派员出国购买机器，并创办船政学堂，培养洋务人才。时逢西北事起，左宗棠改任陕甘总督，他推荐原江西巡抚沈葆桢继续办船政，使中国第一个新式造船厂得以维继。左宗棠到达陕甘后，继续开办洋务运动，并置办得风生水起。

19 世纪 60 年代无疑是个多事之秋。1872 年 6 月，阿古柏在新疆的喀什、英吉沙、莎车、和田、阿克苏、乌什、库车悬挂出奥斯曼土耳其帝国国旗并发行货币。西北边疆岌岌可危，屋漏又逢连夜雨，1874 年，日本入侵台湾。在这种局势下，清廷内部爆发海防和塞防之争。以李鸿章为首的海防派认为，西北和东南力难兼顾，应放弃塞防，将停撤之饷作为海防之用，李鸿章指出：“新疆乃化外之地，茫茫沙漠，赤地千里，土地贫瘠，人烟稀少，乾隆年间平定新疆倾全国之力，徒然收数千里旷地，增加千百万开支，实在得不偿失。

依臣看，新疆不复，与肢体之元气无伤，收回伊犁，更是不如不收回为好。”以左宗棠为首的塞防派力表异议，指出西北自撤藩篱，则我退寸而寇进尺，尤其招致英、俄渗透，左宗棠说：“天山南北两路粮产丰富，瓜果累累，牛羊遍野，牧马成群。煤、铁、金、银、玉石藏量极为丰富。所谓千里荒漠，实为聚宝之盆。我朝定鼎燕都，蒙部环卫北方，百数十年无烽燧之警……是故重新疆者所以保蒙古，保蒙古者所以卫京师。……若新疆不固，则蒙部不安，匪特陕、甘、山西各边时虞侵轶，防不胜防，即直北关山，亦将无晏眠之日。而况今之与昔，事势攸殊。俄人拓境日广，由西向东万余里，与我北境相连，仅中段有蒙部为之遮阂。徙薪宜远，曲突宜先，尤不可不豫为绸缪者也。”左宗棠认为必须下定决心竭尽全力收复新疆，战斗胜利最好，但是即便结果失败也要战斗，倘若一枪不发，将万里腴疆拱手让给别人，岂不会成为中华民族的千古罪人？危急关头彰显了他的爱国热忱和赤胆忠心。

清政府最终对左宗棠的建议予以支持。1874 年 5 月，左宗棠以 64 岁的高龄，被任命为钦差大臣，督办新疆军务。次年 4 月，左宗棠坐镇甘肃酒泉，收复新疆战役打响。1876 年春天，他整训了队伍，率领 6 万湖湘子弟从兰州出发，总督府三声炮响，队伍一路西行，浩浩荡荡。到了新疆以后，他果断指挥，精心谋划，运筹帷幄，指挥多路清军讨伐阿古柏，次年 1 月战和田，收复了除伊犁地区以外的新疆全部领土，逼迫得阿古柏只好服毒自杀。

新疆动乱发生时，沙俄趁机侵占了北疆重镇伊犁。1879 年中俄伊犁交涉时，清政府代表崇厚在沙俄的威逼利诱下，签订了《里瓦几亚条约》。这个条约除了收回伊犁这一座空城外，将会丧失大片领土与权益，消息传到北京震惊朝野上下。左宗棠更是义愤填膺。他抨击崇厚任凭俄国要求，轻率定议约章，丧权失地，主张先之以议论，决之于战阵。清政府拒绝承认这个条约，愤怒的沙俄威胁清政府要和中国开战。为防止沙俄武力侵略，1880 年，左宗棠再次率部出关，由肃州行抵哈密坐镇，进行军事部署。左宗棠命士兵随军携带一口棺椁，以示自己不惜战死沙场的决心，成功地遏制住了沙俄吞并中国领土的野心。1881 年年初，中俄《伊犁条约》签订，中国收回了伊犁和特克斯河上游两岸领土。这是晚清历史上维护主权、力拒侵略势力仅有的一次。左宗棠在新疆期间，为确保军粮供给，发展地方经济，曾大力兴办屯垦业，其功绩被载入史册。在局面稳定后，左宗棠上疏建议新疆改设行省，以收长治久安之效。1884年，清政府在新疆设立行省，从此新疆与内地的关系日益密切了。

第二节
长城人物故事

周幽王“烽火戏诸侯”

在中国，周幽王烽火戏诸侯的故事可谓妇孺皆知。故事大概是这样的：西周末年（公元前776年），昏庸的国君周幽王有一爱妃，名叫褒姒。褒姒因被迫离开父母，入宫后闷闷不乐，不见一点笑脸。幽王为博得美人的欢心，便心生一计，不顾一切后果地带她登上西安骊山的烽火台，点燃烽火。各路诸侯见烽火连天，以为京城告急，便纷纷率领兵马前来救援，一时人嘶马叫乱成一团。褒姒见此情景，终于忍不住笑了出来。幽王终于看到了心爱妃子的美丽笑容，自以为得计而欣喜若狂。各路诸侯被幽王如此愚弄，都忿忿撤兵离去。从此，周幽王在全国逐渐臭名远扬失去民心。几年后，西戎军队真的打来了，幽王无奈之下只好再次点燃骊山烽火。但各路兵马唯恐再次上当受骗，均按兵不动。西戎军攻进王宫杀了幽王，妃嫔等被掠劫一空，西周从此灭亡。

这就是一个“狼来了”的故事的历史版本。这个古老的故事除了说明昏庸无能的周幽王失败的历史事实外，还揭示了两个问题：一是远在公元前1027—前771年，中国长城的雏形已具规模；二是揭示出长城式的城堡在当时的重要作用——它保卫着华夏儿女的安定与中华文明的传承。中华民族从来就是一个爱好和平的民族，中华文明以农耕文化为核心，在中国西北沿线与游牧民族相区分。虽然两种文明所孕育的不同民族在发展史上长期共存，经济和文化往来繁多，但由于两种文明所固有的差异性，双方常在交界地区发生冲突和争战。中华大地西北高东南低，游牧民族大多占据着高耸的有利地形，依仗着骑兵和运动战优势，经常南下骚扰掠夺汉人。由此，战时防御便成为修筑长城的主要原因。

孟姜女“哭倒长城”

孟姜女的传说在我国流传千余年，妇孺皆知。它是我国民间文学中最富人民性、斗争性，最具生命力的优秀传说之一。

据说，秦始皇北筑长城，民夫杞梁不堪奴役，便寻机逃跑了。他为躲避追兵，逃到孟超家后园的树上。这时，孟超的女儿仲姿正在水池中沐浴，她抬头一看，见有人在树上，便唤他，问：“你是什么人，为什么躲在树上？”杞梁说：“我姓杞名梁，是燕地人（属战国燕国地域的人古时称燕人），因被征劳役去筑长城，不堪辛苦，所以逃到这里。”仲姿说：“既然你见了我的身子，我只能嫁给你，作你的妻子吧！”杞梁说：“姑娘生在富裕之家，处于深闺，容貌艳丽，怎可作劳役人的配偶！”仲姿说：“女人的身体不能再被丈夫以外别的男人看见，你不要推辞了！”于是就把发生的事情告诉了父亲，父亲许婚。夫妻礼毕后，杞梁又回到筑长城的地方。官吏恨他逃走，将其鞭挞至死，并将尸体筑在长城中。孟超不知杞梁已死，派仆人去代杞梁服役，遂知详情。仲姿闻知，坚决要去寻夫。到了长城脚下，她面对长城号啕大哭，长城为之崩塌，见死人白骨交横，不知哪个是杞梁骨骸。仲姿便刺破手指将血滴入白骨中，说：“若是杞梁骨，血可流入。”果然血滴至杞梁骨骸上，便流入了。仲姿便包上丈夫的骨骸归葬。

孟姜女哭长城遗址

这一故事大约形成于南北朝末期，《琱玉集》所引《同贤记》中有较完整的记录。《琱玉集》在我国已久佚，流落于日本的现也仅存两卷。真福寺所藏抄本的卷末有“天平十九年岁在丁亥三月写”的字样，日本天平十九年即唐玄宗天宝六年（747 年），该书卷当是日本人从中国携去的。《琱玉集》成书应在唐初，而记载仲姿哭长城的《同贤记》与故事的形成应该更早一些。这时故事中的男主人公名杞梁或杞良，女主人公名叫孟仲姿，还不叫孟姜女。

秦始皇筑长城，“道路死人以沟量”，百姓骚动，有民谣唱道：

生男慎勿举，生女哺用脯。

不见长城下，尸骸相支拄。

民谣一反中国的传统思想，生男孩勿抚养，生女孩用肉脯喂，因为长城之下男子的尸骸狼藉。男子的命运如此不养也罢。汉筑长城，也是民怨沸沸。南北朝筑长城，同样给人民带来苦难。人民要安居乐业，反对过重的劳役，故事的产生和形成直接反映了人民的心声，是有其特定的历史背景的。

仙女泉的传说

除了孟姜女的故事，在长城上还有许多故事，被千古传诵着。比如仙女泉的故事。相传修八达岭这段长城的时候，天大旱，从春到夏，一滴雨没落。修筑长城的人们口干舌燥，还得抬着石条往山上走，走得慢一点儿，就会被监工头拿鞭子抽打。有一天中午，大家拿着发下来的窝窝头，谁也咽不下去，硬硬的窝窝头在嗓子眼里打转，正在这时，来了个穿青衣的姑娘。手里抱着一个白瓶，说是给丈夫送水，找了好多天，也没找到，她说，这瓶水就送给大家喝吧。然后，放下白瓶就走了。一瓶水，恐怕一个人连半口也喝不到就没了，不过就是能抿上一点点也好啊！这样，有人便把白瓶拿起来，对着嘴就喝起来，真是渴啊，本想喝一口，可一喝起来，就咕嘟咕嘟灌了个够，然后才递给第二个人。说来也怪，大伙轮了一圈，白瓶里还有水。这时，监工头来了。监工头也渴得要命呀，见有人抱着白瓶喝水，上去就抢，结果没拿住，白瓶啪地掉在地下摔碎了。大家先是一惊，紧接着惊讶地发现，摔碎白瓶的地方出现了一汪清亮的水泉。大家这才知道，原来是仙女给大伙送水来了。从此，修筑长城的人们再也不用忍受没水喝的痛苦了。因为这道泉水是仙女送来的，人们就叫它仙女泉。

后来，仙女泉又改叫“青龙倒吸水”了，这又是为什么呢？这里还有一个故事。相传康熙皇帝去北方私访，途经此处，觉得口渴难耐，跟随保驾的白将军寻到了这眼泉水，本想给皇帝舀上一些，可惜没有杯碗之类的盛具，只好请皇帝到泉边来饮。康熙皇帝渴极了，也顾不上许多，俯下身子咕嘟咕嘟一气儿喝了个够。喝完水，皇帝觉得刚才喝水有失体统，不禁脱口问道：“白爱卿，你看我刚才喝水时像什么？”白将军很机智，急忙答道：“像青龙倒吸水。”康熙皇帝哈哈大笑。后来，人们便把这泉叫作“青龙倒吸水”了。

苏武牧羊和昭君出塞

西汉时期，汉朝廷和匈奴在交往中常互派使者，或因和亲，或礼尚往来，或互探机密。两方对待使者的态度，和政治局势密不可分。有的礼遇有加，有的则被扣留，汉使被匈奴扣留的有十余批，匈奴使者被汉扣留的也不在少数。汉使中有的降了匈奴，甚至为匈奴出谋划策攻打汉；也有的不辱使命，忠贞不屈。汉使苏武便为后者。

苏武为征匈奴将领、平陵侯苏建的儿子，武帝时为移中厩监。天汉元年（公元前100年），匈奴归还被扣留的汉使路充国等人，武帝派苏武以中郎将身份持节也送回被扣留的匈奴使者，并备厚礼予匈奴。苏武完成使命正待回朝之时，匈奴发生了未遂政变，因苏武的副手张胜预知其事而把苏武等人牵连了进去，张胜被杀。单于令近臣卫律劝降苏武，苏武说：屈节有辱使命，虽生有何面目归汉。乃拔佩刀自刺。卫律急阻之，命医生设法救治，半天才苏醒过来。单于感念他的令节，没过多久又派卫律劝降他。苏武乃痛骂卫律不顾恩义、叛主背亲，挑动汉匈两国相攻。苏武越坚贞不屈，单于越要劝降他，于是把苏武幽禁在大地窖中，不给饮食。天下雨雪，苏武躺在地窖中用雪就着旃毛吞咽，过了好几天还活着。匈奴以为神，迁他到北海（今贝加尔湖）绝无人烟处，让他牧公羊，说公羊有了乳再放他回去。说白了，就是故意为难他。苏武到了北海，冰天雪地，无人给饮食，他掘地寻得野鼠所藏草籽作粮，每日手持汉节牧羊，节上的毛都落尽了。过了五六年，单于弟于靬王射猎北海，见苏武甚敬重，供给他衣食。又三年余，于靬王病，临终前赐苏武马畜、陶瓮、毡帐。

苏武使匈奴的第二年，李陵来降，不敢面见苏武，后来单于令李陵来说服苏武。李陵置酒设乐，席间劝降苏武。苏武却以深受皇恩，愿肝脑涂地，表现了崇高的气节。李陵让妻子送给苏武牛羊数十头。武帝崩，李陵告诉他，苏武南向痛哭。昭帝即位后，汉与匈奴和亲，求还苏武。匈奴诡言苏武已死。后苏武随将常惠得知，乘夜偷见汉使告以实情，教使者告诉单于，天子射上

长城

林苑中雁，雁足系帛书，说苏武在北海上。单于只好放归苏武。临行前，李陵置酒贺苏武，倾心中块垒，与武泣别。苏武于始元六年（公元前 81 年）还至京师，在匈奴 19 年，出使时尚是壮年，归来须发尽白；出使时同行百余人，归来仅剩 9 人。宣帝神爵二年（公元前 60 年）病卒，享年 80 余岁。宣帝为表彰有功之臣，在麒麟阁上图画功臣像，题官爵姓名，共 11 人，苏武、赵充国都名列其中。苏武富贵不能淫、贫贱不能移、威武不能屈的伟大气节，令人敬仰，因此为他立庙纪念。唐温庭筠曾作《苏武庙》诗怀咏。

如果说苏武牧羊表现了阳刚之气，那么昭君和亲则透着阴柔之美。两人同样为人民的利益贡献自己，事迹同样感人肺腑，千古传颂。

高祖自平城之围归，忧匈奴冒顿兵强，数苦北边，问计于刘敬。刘敬认为天下初定，不能以武力服匈奴，建议以嫡公主下嫁匈奴，并赐予厚礼，匈奴必以公主为阏氏，生子为太子。每年赠予厚礼，喻以礼节。冒顿在，是子婿；冒顿死，则外甥继承为单于。哪听说有外孙和外公抗礼和攻战的？如令宗室女或后宫谎称公主，则达不到这种目的。高祖以为然，奈吕后不肯，于是以宗室女代公主由刘敬送往匈奴结和亲约。从此，匈奴和汉王朝除武力相见外，另开辟了一条以和亲求安宁、以和亲结友好的道路。

高祖与匈奴和亲后，岁岁赠匈奴金帛、丝絮、缯、酒米、食物，各有定数，并约为兄弟，望能羁縻匈奴。后来又定下“长城以北引弓之国，受命单于，长城以内冠带之室，朕亦制之”“匈奴无入塞，汉无出塞，犯令约者杀之”之约，双方以秦旧长城为界，互不侵犯。每遇新单于立，都要遣宗室女和亲，同一单于也有一娶再娶汉室女的。但这些仍旧不能满足匈奴上层贵族的贪欲，他们甚至盛气凌人地说：汉使不要多言，给匈奴的缯絮米糵要上等的，不然，等到秋熟马肥时让铁骑来蹂踏稼穑。尤其是宣帝后，和亲政策起了成功的通好作用。昭君出塞就是在这种历史背景下发生的。

王昭君字嫱，南郡秭归人。元帝时被选入后宫掖庭。当时后宫人数很多，皇帝让画工画她们的肖像，皇帝一般按照画像分辨美丑。所以宫人都贿赂画工，让画工美化自己。只有昭君性情刚直，不愿贿赂，画工毛延寿将她丑化了。昭君入宫数年也不见皇帝召幸，她积攒了满腔悲怨。这时正值匈奴内乱，五单于争主之后，呼韩邪单于附汉称臣，汉助其翦灭了最后与他相争的郅支单于。竟宁元年（公元前 33 年），呼韩邪单于再次朝汉，元帝赠送他极为丰厚的礼物。单于又向元帝提出请求和亲作汉的女婿，元帝下诏令将 5 名宫女赏赐给他。昭君闻知，向掖庭令（管理后宫宫女的官员）自请入匈奴。在呼韩邪临行辞别的宴会上，元帝召五女来见单于。昭君丰容盛饰，婀娜多姿，款步而入，整个宫殿顿生光辉，满座皆惊为天人，特别是元帝见她如此姣美，

昭君墓

想反悔留下，却碍于失信，只得割爱。事后，元帝追查画工，知是毛延寿所为，遂斩毛延寿于市上。

后人对昭君勇敢请求和亲的作为非常敬佩，对她背离故土远嫁匈奴的遭遇寄予无限同情，有许多文章、辞赋、诗词赞咏她。杜甫《咏怀古迹》诗之三最是有名。诗曰：

群山万壑赴荆门，生长明妃尚有村。
一去紫台连朔漠，独留青冢向黄昏。
画图省识春风面，环佩空归月夜魂。
千载琵琶作胡语，分明怨恨曲中论。

昭君入匈奴后，单于很爱她，号宁胡阏氏，生二子，其一名伊屠智牙师，立为右日逐王。成帝建始元年（公元前32年）呼韩邪单于死，大阏氏子立为单于。匈奴风俗，父死妻其后母。新单于想迎娶昭君为妻。昭君向汉朝上书求归，成帝令她顺从匈奴的习俗。昭君又成为新单于的阏氏，生二女，长女云须卜居次，小女为当于居次。须卜、当于是夫家族名，都是匈奴贵族，居次就相当于汉的公主。须卜居次和丈夫须卜当都致力于匈奴与汉的和好。

我们都知道，我国古代周边少数民族社会比较落后，生活、气候条件也比较差，何况是远离故土和父母。昭君《怨诗》中有云："高山峨峨，河水泱泱。父兮母兮，道里悠长。呜呼哀哉，忧心恻伤。"诉说了衷肠。所以，和亲女子是作出很多牺牲才能换来民族间的和平和友好的。

史学家翦伯赞非常称誉王昭君，曾作诗曰：

汉武雄图载史篇，长城万里遍烽烟。
何如一曲琵琶好，鸣镝无声五十年。

知识链接

王昭君与青冢

王昭君以一名古代的弱女子，成了民族间和平友好的象征。传说在内蒙古草原上有许多座昭君墓，主要的是位于呼和浩特市南9公里的青冢。青冢现封土堆高33米，墓前有平台和台阶，墓前、墓顶各建亭，有碑6通。墓草葱郁，古树扶疏。墓前立董必武题《谒昭君墓》诗碑。诗曰：昭君自有千秋在，胡汉和亲识见高。词客各摅胸臆懑，舞文弄墨总徒劳。王昭君墓于2006年被公布为全国重点文物保护单位。

“关门脸”的传说

明朝时，大将军徐达奉命修长城，先后修建了永平、界岭等32关。相传，在朝廷规定的期限内其余的都修好了，唯有城子峪关修不起来，原因只有一个：城子峪关修在河谷内，底下全是碎石，地基打不起来。

这下可急坏了徐达，他便把修32关的能工巧匠全都集中到了城子峪，看风水的看风水，察地形的察地形。最后建造九门口关的工匠提出像打九门口长城的地基一样，用打磨好的巨形条石和用燕尾槽对接连成一片。官兵们在群山采石，干了3个月，可关城的墙刚垒起一人高，就被一场山洪给冲毁了。

城子峪关城墙屡修屡毁，令徐达十分发愁。风水先生又出主意，说是砌地基时冲撞了河神，只有烧香上供，请求河神原谅，城子峪关才能修好。于是，徐达下令杀猪宰羊，三牲大礼摆供，又请来唢呐队和秧歌队助兴，一时间城子峪关的河谷内唢呐悠扬，鞭炮齐鸣，声震山谷。可是当关城墙体垒到一人高时，又被洪水冲毁了。

徐达只得快马回京找刘伯温想办法。他把情况一说，刘伯温便掐指算了起来，最后想到了一个办法——镇！

一日，刘伯温叫来了徐达，交给他一张画，画上是一个睁着眼睛的怪兽头。此兽头非牛非马，非龙非虎，是个牛嘴龙角麒麟眼的东西。徐达听了刘伯温的吩咐，高兴地回到了城子峪。

半个月后，画上的兽头便被石匠雕成了石像，安放在城子峪关四个水门正中的拱上。说来也怪，关墙顺利建成了，而且以后无论发多大洪水，城子峪关都丝毫无损。

由于谁也叫不上这四个石雕兽头的名字，而它们又安在关门上，所以，当地老百姓便称其为“关门脸”。

城子峪关

长城“小尾巴”白台子

地方志中对城子峪关是这样描述的：“城子峪关，明嘉靖元年（1522 年）修建，关口处有一河，河东侧有一酷似铁锅倒扣的山包，高二三十丈，两侧有狭窄的深涧，旧筑空心敌台阻塞涧口，东西两山相距半里……”

这个被称为倒扣铁锅的山，就是白台子。那么，这座山为什么叫白台子呢？这还得从明朝修长城说起。

相传，大明朝弘治十二年（1499 年），右副都御史洪钟奉旨主持修筑大毛山至义院口窟窿台之间的长城改线工程，把这段长城线上原来的城子峪关南移了 2.5 千米，这样，城子峪关就形成了新旧两座关口，这白台子山就是新修的城子峪关的北端起点。

当时，在城子峪一带主持施工的是一个姓范的管工，此人被称为“酒鬼”，是个无酒不欢的人。那日，新改线的长城修到了白台子山头上，由于这里山势走向复杂，所以，施工单位就派人前去向范头请示。范头正喝到兴头上，突然被人扰了酒兴，气不打一处来，指着来人的脑门子就骂到：“你个猪脑子，万里长城都是在山岭上走，哪有往山下修的？滚！”来人被骂了个不痛快，回去就告诉说范头让往上修。于是一万多人的施工队伍，挖壕的挖壕，砌墙的砌墙，筑台的筑台。

范头一觉醒来，觉得内急，便东倒西歪地走向厕所。他抬头往山上一看，觉得修的长城走向仿佛不大对劲，于是急忙跑回屋中，拿出图纸一看，头上的汗立马冒了出来，酒也醒了，三步并作两步地跑上山去，急令停工。然而为时已晚，两道壕沟已挖完，正在砌边墙；而壕沟边的山头上，一道约 200 米长的石砌长城已封顶，上面还修建了一座 14 米见方的烽火台，烽火台也已经收顶，正在砌口……

结果，范头被斩首了，而那段长城也就成了长城主线上的一条“小尾巴”，山顶上的大台子高耸着。因为修错了，人们便称此台为“白修台”，慢慢地就叫成了白台子。

媳妇楼

其实，传说归传说，这段长城以及壕沟并没有白修，在明朝时曾起到了积极的防御作用。

白台子山上，一切明代建筑遗址皆存，并在这里形成了三边汇一楼的长城景观。这里关、堡、台、壕、墙，样样俱全，山下还有当时边关贸易的旧址。

忠义报国媳妇楼

万里长城上有无数座雄关险隘，毫不夸张地说，“万里长城故事多，块块砖石有传说”，董家口的媳妇楼传说，便是其中之一。

话说明朝隆庆年间，戚继光从福建前线奉调北方防守蓟门，总理蓟镇练兵事务。为了加强部队建设，他特地从山东、浙江等地调来壮丁，加以训练，这就是后来有名的“戚家军”。

在这支部队中，有一位小伙子名叫吴三虎。小伙子长得虎背熊腰，加之原来在山东老家时，曾和父母一起走街串巷，打把式卖艺，练出了一身好本事，可以说三五个人近不了身；加之小伙子勤奋又勇敢，在部队不几年，便因功被升为楼台总旗。

然而，人生并不是一帆风顺的。那年月，交通不便，加之边关防务吃紧，吴三虎已几年未回家，家中只剩年迈的父母。二老眼看自己的身体一日不如一日，便张罗着给三虎订了媳妇。那年头都讲亲上加亲，三虎爹娘为他订的媳妇是他舅舅的独生女儿，即他的表妹王秀英。

哪知双方老人为三虎、秀英订亲后不久，便相继去世。临终前，老人告知王秀英，已经把你许配给你表哥吴三虎，一旦我们不在了，你就变卖家产，到董家口去寻未婚夫吴三虎。

对于一个年轻女子，千里寻夫谈何容易。王秀英历尽千辛万苦才来到了万里长城董家口关。

谁知就在当晚，有哨兵来报，董家口关有敌骑趁夜来袭。吴三虎抹去眼泪，抄起兵器便朝长城奔去。天黑得伸手不见五指，秋风夹着冷雨，烽火台上的信号发不出去，情况万分紧急。吴三虎提起火把便朝烽火台奔去，他知道，如果不尽快把敌人来袭的消息发出去，董家口关就有可能被攻破，那后果不堪设想。

吴三虎飞奔着，但那火把却把敌人惊动了，敌人纷纷放箭，吴三虎不幸中箭倒下了。一直挂念未婚夫的王秀英，一见火把突然倒下，便不顾一切地朝火把倒下的地方奔去。吴三虎对她说："不要管我，快去帮助哨兵点燃烽火，不然，董家口关被攻破，敌人将打进中原，后果不堪设想。"于是王秀英抄起火把，猫腰朝烽火台奔去。

信号终于发出去了，号炮声声震夜空。但当王秀英回来抢救未婚夫时，吴三虎已因失血过多为国捐躯了。

王秀英哭得死去活来，但是，当蓟镇总兵戚继光闻讯前来处理善后事宜时，王秀英坚决不要国家给的抚恤金——白银千两，而是立下血书决心从军报效国家，替未婚夫守卫边关。为了明志，王秀英把自己的名字改为"王学兰”，决心以花木兰为榜样，为国尽忠。

身为主帅，戚继光当然知道边关的困苦，但是看到王学兰的一腔报国之心，他只好批准了她的请求，并从董家口村挑选身强力壮的已婚青年妇女 50 名，陪伴王学兰守卫董家口 87 号敌台。因为此台的守卫者全是小媳妇，人们便称它为“媳妇楼”。

为了表彰王学兰的爱国精神，戚继光大帅亲笔为王学兰题写了“忠义报国”四个大字。为了报答戚大帅的恩德，也为了以此激励自己，王学兰特请来石匠，把这四个大字刻在自己守护的敌楼门石框上。现在这四个大字仍保存完好。

“天下第一”菜窝窝

相传，有一年康熙皇帝回祖籍祭祖回来，路上住在山海关。这康熙帝又犯了爱微服私访的老毛病，换上平民百姓的衣服独自一人走了出去。走出山海关后，康熙碰到一位车老板，车老板很热情地给皇帝捎了个脚。二人边走边唠，康熙帝一边观看沿途风光，一边有一搭没一搭地和车老板聊天，不知不觉车子过了黄土岭。康熙帝听人说过，这里是明长城通往辽宁的三岔口，而且，长城下还有个九龙洞，于是便告别热心的车老板，朝九龙洞走去。

这一带的长城修得十分壮观、雄伟，站在九龙洞的山头下望，万里长城仿佛一条巨龙盘旋在群山之巅。长城两边，百花盛开，大自然的鬼斧神工把一座座山头雕刻得千姿百态。康熙帝越看越爱，一边欣赏自然风光，一边吟咏诗句，优哉游哉。不知不觉日落西山，眼见天晚，康熙却找不到回去的路了。他目睹远处的炊烟，耳闻牛羊的叫声，心想肯定离村庄不远，待我到村中找个人家。

打定主意，康熙迈步走下了长城，却一下子傻了眼：这一带山林茂密，山间小路只有当地拾柴、放羊人知晓，这个衣来伸手饭来张口的皇帝如何识得？而且，日头一落，大山里说黑就黑。俗话说“望山跑死马”，在山上往下看，那村庄仿佛近在咫尺，鸡鸣犬吠之声可闻，可真要走起来，即使大白天，山里人也得走上几个时辰，更何况两眼一抹黑的皇帝呢?

也不知走了多远，也不知摔了多少个跟头，好不容易走到了一间草屋前。康熙皇帝又渴又饿，浑身是伤，他也不知此时是什么时辰了，急忙去叫门。油灯下，一位白发苍苍的老者起身开门，见了来人，便惊得目瞪口呆，看衣着像个当官的，可当官的怎么能深更半夜跑到这深山老林中来呢?

茅屋中只有一对年迈的老夫妻，在山中开了几亩地度日。待康熙帝说明来意，白发老婆婆拿出几个玉米面山菜窝窝。康熙一见，抓过来就狼吞虎咽地吃起来，觉得那味道比宫里那满汉全席还好。

康熙吃饱喝足，挤在草窝棚中的土炕上睡了半宿。天亮后，他要走了，可口袋里一文钱也没有。他对老人说："老乡，村中可有读书人?请借笔墨一用。"老人借来笔墨，只见康熙帝提笔写了几个大字：天下第一菜窝窝。然后，递给老人："老乡，请收好，啥时到山海关，可凭此字到总兵衙门领取银两。"

长城的敌楼

老人送康熙上路，在路边告诉皇上他吃的菜窝窝就是用这几种野菜作的。康熙感慨万千，他用手一指说："好吧，就让这长城脚下的村庄、田间地头、山上山下多长些野菜，说不定将来还会成为美食呢。"

康熙是天子，金口玉言，所以后来这一带长城沿线的野菜就特别多、特别好。如今，也真成了令人垂涎的美食了。

图片授权

全景网

壹图网

中华图片库

林静文化摄影部

敬　启

本书图片的编选，参阅了一些网站和公共图库。由于联系上的困难，我们与部分入选图片的作者未能取得联系，谨致深深的歉意。敬请图片原作者见到本书后，及时与我们联系，以便我们按国家有关规定支付稿酬并赠送样书。

联系邮箱：932389463@ qq. com

参考书目

1. 常生荣．烽火狼烟：中国长城新考［M］．北京：中国友谊出版公司，2012.
2. 董耀会．长城的崛起［M］．北京：北京大学出版社，2012.
3. 赵星铁．旅游人文：沧桑长城［M］．上海：上海科学技术文献出版社，2011.
4. 王雅馨．图说长城——图说中国历史［M］．吉林：吉林人民出版社，2010.
5. 蔡东藩．中国历代通俗演义：长城孤影［M］．安徽：安徽人民出版社，2010.
6. 苗润莲，冯广平编．北京地区长城研究文献名录［M］．北京：知识出版社，2009.
7. 景爱．长城［M］．北京：学苑出版社，2008.
8. 罗哲文．长城［M］．北京：清华大学出版社，2008.
9. 郭保林．阅读大中国——长城雄风［M］．北京：石油工业出版社，2007.
10. 董耀会．走近长城［M］．北京：外文出版社，2007.
11. 唐小明．古墙：中国长城与民族融合［M］．甘肃：甘肃人民美术出版社，2006.
12. 景爱．中国长城史［M］．上海：上海人民出版社，2006.
13. 于希贤，贾向云，于涌．云南古长城考察记［M］．贵州：云南人民出版社，2001.

中国传统风俗文化丛书

一、古代人物系列（9 本）

1. 中国古代乞丐
2. 中国古代道士
3. 中国古代名帝
4. 中国古代名将
5. 中国古代名相
6. 中国古代文人
7. 中国古代高僧
8. 中国古代太监
9. 中国古代侠士

二、古代民俗系列（8 本）

1. 中国古代民俗
2. 中国古代玩具
3. 中国古代服饰
4. 中国古代丧葬
5. 中国古代节日
6. 中国古代面具
7. 中国古代祭祀
8. 中国古代剪纸

三、古代收藏系列（16 本）

1. 中国古代金银器
2. 中国古代漆器
3. 中国古代藏书
4. 中国古代石雕
5. 中国古代雕刻
6. 中国古代书法
7. 中国古代木雕
8. 中国古代玉器
9. 中国古代青铜器
10. 中国古代瓷器
11. 中国古代钱币
12. 中国古代酒具
13. 中国古代家具
14. 中国古代陶器
15. 中国古代年画
16. 中国古代砖雕

四、古代建筑系列（12 本）

1. 中国古代建筑
2. 中国古代城墙
3. 中国古代陵墓
4. 中国古代砖瓦
5. 中国古代桥梁
6. 中国古塔
7. 中国古镇
8. 中国古代楼阁
9. 中国古都
10. 中国古代长城
11. 中国古代宫殿
12. 中国古代寺庙

五、古代科学技术系列（14 本）

1. 中国古代科技
2. 中国古代农业
3. 中国古代水利
4. 中国古代医学
5. 中国古代版画
6. 中国古代养殖
7. 中国古代船舶
8. 中国古代兵器
9. 中国古代纺织与印染
10. 中国古代农具
11. 中国古代园艺
12. 中国古代天文历法
13. 中国古代印刷
14. 中国古代地理

六、古代政治经济制度系列（13 本）

1. 中国古代经济
2. 中国古代科举
3. 中国古代邮驿
4. 中国古代赋税
5. 中国古代关隘
6. 中国古代交通
7. 中国古代商号
8. 中国古代官制
9. 中国古代航海
10. 中国古代贸易
11. 中国古代军队
12. 中国古代法律
13. 中国古代战争

七、古代文化系列（17 本）

1. 中国古代婚姻
2. 中国古代武术
3. 中国古代城市
4. 中国古代教育
5. 中国古代家训
6. 中国古代书院
7. 中国古代典籍
8. 中国古代石窟
9. 中国古代战场
10. 中国古代礼仪
11. 中国古村落
12. 中国古代体育
13. 中国古代姓氏
14. 中国古代文房四宝
15. 中国古代饮食
16. 中国古代娱乐
17. 中国古代兵书

八、古代艺术系列（11 本）

1. 中国古代艺术
2. 中国古代戏曲
3. 中国古代绘画
4. 中国古代音乐
5. 中国古代文学
6. 中国古代乐器
7. 中国古代刺绣
8. 中国古代碑刻
9. 中国古代舞蹈
10. 中国古代篆刻
11. 中国古代杂技